課長・部長のためのビジネス戦略の基本

Basic of Business Strategy for Section and Division Managers

桝本誠二
Seiji Masumoto

マイナビ

はじめに

某大手シンクタンクによれば、２０１６年度後期から国内の景気は少しずつ回復の兆しをみせ、２０１７年度は、雇用案件の増加が進み、個人消費も増え、緩やかですが上向きになるとの話です。また２０１８年度は、東京オリンピックに向け、首都圏の開発が行われるため、公共投資が増すと予想されています。つまり、これから少しずつですが、景気は良くなると専門家は予測しているのです。

ビジネス戦略は、景気が良い時には、さらに業績を上げるための方法であり、また不況時には寒い日々を乗り切るための方法でもあるのです。

ですから好景気、不景気に関係なく、その時代、その時代に合わせた戦略をとらなければなりません。ビジネス戦略は、事業を行う上で欠かせないものというだけでなく、会社を永続的に運営するにはなくてはならないものです。会社の経営が順調なので、ビジネス戦略など私には関係ないと思っている課長や部長がいる会社は、非常に危険です。

大手企業でも、ちょっとした失敗が大きな影響を与える昨今、リスク回避も含めてビジネス戦略は必要なのです。危機に陥ってから、ビジネス戦略を策定しようと思っても手遅れです。会社の舵を切る経営者や事業部を引っ張るマネージャーがそのことを自覚し、先手を打たなければならないのです。

しかし現状は、「戦略を立てようにも、立て方がわからない」「目的は明確になっているのですが、ビジネス戦略が立てられない」「成長している良い市場があるのだが、どうやって参入すればいいのかわからない」と悩むプレイングマネージャーや経営者は少なくありません。さらには、「コストの削減」「業務の効率化」「販売力の強化」「海外進出の方法」などの問題も手付かずのままになっている企業も多いでしょう。

これらの問題を、一気に解決するのがビジネス戦略なのです。

本書では、企業の成長のため、またリスク回避のためのビジネス戦略を次の7つの章に分け、図解を入れながら紹介しています。

- 第1章　ビジネス戦略とは何か
- 第2章　全社戦略で基盤を作る
- 第3章　優れた事業戦略が売り上げを伸ばす
- 第4章　「組織は戦略に従う」という思考
- 第5章　マーケティング戦略で市場を開拓する
- 第6章　優秀な技術戦略、生産戦略で効率化を実現
- 第7章　新たな戦略で業界を牽引する

第1章では、ビジネス戦略とは何かということを紹介しています。一言でビジネス戦略といっても、事業戦略や全社戦略、また機能戦略や組織戦略など様々な戦略があります。ここでは各戦略の役割やビジネス戦略の成り立ちなどを書いてみました。その中でも特に重要な点は、ポジショニングとケイパビリティの違いです。この2つは、ビジネス戦略を作る上では欠かせないものです。

次に第2章では、全社戦略(経営戦略)で基盤を作る方法を紹介しています。全社戦略を策定するには、ドメインをしっかり設定しなければいけません。ドメインはビジネス戦略を立てる上で根幹になるキーワードです。それが策定できると、次に会社全体として、どのような戦略をとるのかを思案します。そのためには自社が持っている資金力や技術力、組織力などを十分把握しなければなりません。さらには全社戦略の一つとして、コンプライアンスマニュアルの作成やCSRがあります。一見、戦略とは無関係に見えるかもしれませんが、ここに大きな戦略が隠されているのです。

第3章では、売り上げを伸ばす事業戦略について書いています。全社戦略が策定できたら、事業戦略を練ります。この時も全社戦略の策定時と同じように事業部の強みと弱みを分析しましょう。かの経営学者、ピーター・ドラッカーは自著の中で、「何事かを成し遂げるのは、強みによってである。弱みによって何かを行うことはできない。できないことによって何かを行うことなど、到底できない」といっています。企業も同じ。強みをいかに強化し、生かしていくのかが、存続のための最大条件なのです。

第4章では、組織戦略について書いています。多くの中小企業は、経営者から直接各部長へつながる職能別組織体制をとっています。しかし、本当にその組織体制でいいのでしょうか。全社戦略や事業戦略には目がいくのですが、そこから組織戦略まで考えている企業がどれだけあるでしょうか。「うちの会社は多角化を目指すために、まずは事業部制組織戦略を取り入れよう」「ゆくゆくは企業間のシナジーを生むために、まずは社内ベンチャー制度を採用しよう」などという言葉が出てくれば、素晴らしい将来が待っているでしょう。

第5章のマーケティング戦略とは、機能別戦略や事業戦略などと重なる部分があり、全社戦略にも大きな影響を及ぼします。マーケティングがうまくいかなければ、売り上げにならないのですから、企業としては非常に重要です。マーケティングで一番大切なことは、顧客のニーズに応えるということです。どの業界においても同じですが、顧客の要望を無視した独りよがりの商品が継続的に市場を席巻することはないでしょう。

マーケティング学者、セオドア・レビットの有名な言葉で「ドリルを買いに来た人の欲しいものは、ドリルではなく、穴だ」というものがあります。まさに顧客の欲するものに注力した結果、生まれてきた答えなのです。

第6章では、効率化を実現させる生産戦略について紹介します。世界の生産戦略に影響を与えたトヨタ生産方式、その進化形のサプライチェーン・マネジメントは、多くの企業が模倣しています。あくまで方式は、理論です。その方式をいかに自社になじむ戦略に変えていくかが重要なのです。またトレンドの移り変わりの早い現代では、作業の効率化だけではなく、容易に変換可能なシステムを作ることも必要です。

第7章では、イノベーションを中心に新たな戦略を紹介しています。イノベーションという言葉は、みなさんよく耳にすることでしょう。しかし具体的にどうすれば実現するのか、またどのような方法があるのかということは、あまり知られていないようです。イノベーション戦略を使えば、海外進出や新しい市場の開拓、また既存の市場の中で、新たな顧客を創造することが可能になります。

これらの戦略は、すべて実践に生かすことができますが、本書は、タイトルにあるように「ビジネス戦略の基本」を紹介しています。より深く掘り下げたいと思われる方は、本文や巻末で紹介している各テーマに分かれた専門書をお勧めします。

本書が、貴社のビジネス戦略を作るきっかけとなれば、幸いです。

桝本誠二

CONTENTS

CHAPTER 5

CHAPTER 6

優秀な技術戦略、生産戦略で効率化を実現

CHAPTER 1

ビジネス戦略とは何か

ビジネス戦略のない企業に成長は見込めない

事業戦略・全社戦略・機能戦略

事業戦略は実質的な利益を作る手段

事業戦略（Business Strategy）とは、市場競争の中で自社の事業がどのように成長し、シェアを広げられるか、また売り上げを上げるにはどのようにすればよいか、という問いに対しての回答を実現するための戦略です。後述する全社戦略のもとに策定されます。実務に直結し、ランチェスター戦略やブルー・オーシャン戦略など様々な手法があります。

中小企業の事業戦略が資金豊富な大企業と同じようなものであれば、この先、生き残っていくことは難しいかもしれません。また新規開拓された市場では、はじめこそ収益が出ても、すぐに続々と他社が参入してきたり、資金力にものを言わせ、大手企業が一気に市場を席巻していくでしょう。そこで、事業戦略が重要になるのです。**自分たちの強みと弱みを把握し、競合他社と差別化しながら市場をつかんでいくための戦略**です。この事業戦略をしっかりと策定し、実行できれば、荒れ狂う海原に飲み込まれることなく、進んでいくことができるでしょう。

〈全社戦略から機能戦略まで〉

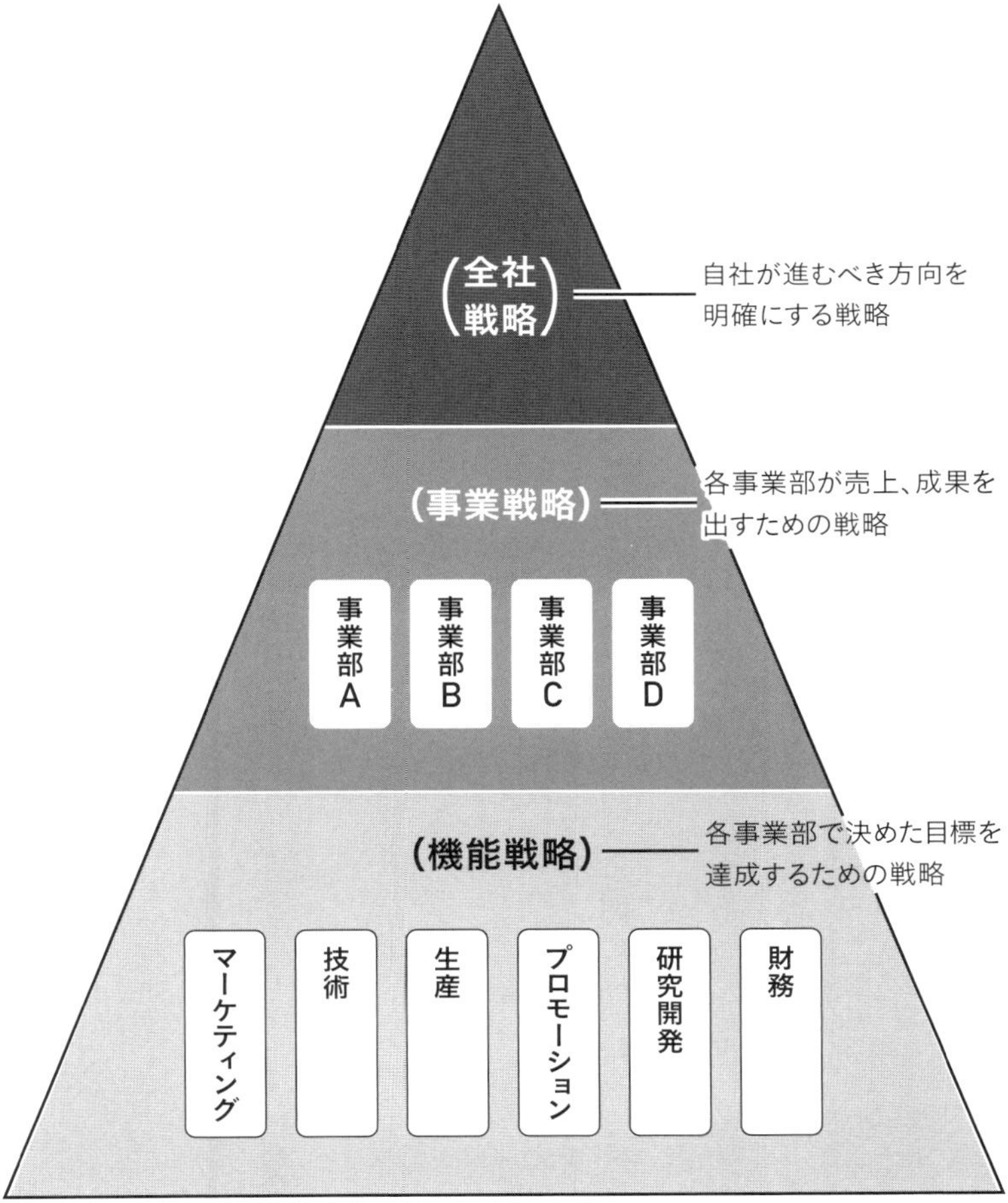

事業を軌道に乗せるには全社戦略が必要不可欠

全社戦略(Corporate Strategy)とは、多くの事業を抱えた企業が、自社の資産を考え、各事業部が最大限のパフォーマンスを出せるように方針を決めるという戦略です。

この経営戦略の根幹を決めずに複数の事業を展開するということは、「下手な鉄砲数撃ちゃ当たる」という状態で、ちょっとした問題にぶつかれば、行き当たりばったりの戦術しかとれないでしょう。

さらには各事業部間の摩擦や衝突など自社内での問題も発生するかもしれません。これでは社員を守らなければならない会社組織としては成り立たないです。

そこで重要になるのが全社戦略です。一つの事業しか行っていない企業であれば、事業戦略と全社戦略は同一のものになりますが、**多くの事業部を持っているのであれば、それぞれのブランド力を生かし、全社戦略によって各事業部間のシナジーを最大限に発揮させることが重要**です。

つまり全社戦略を作るということは、事業ドメイン(P46参照)を決め、事業ポートフォリオをもとに、自社の資源をどのように分配するのかを決定することです。

この戦略を策定することで、事業戦略の方向性やその手段が決まるのです。逆に言えば全社戦略がなければ、マーケティング戦略や生産戦略、組織戦略などの機能戦略や事業部ごとの戦略は作ることができません。各戦略の中でもっとも重要なものなのです。

機能戦略は部署の戦略

機能戦略（Function Strategy）とは、各事業部で作成した戦略を具体的にどのように実践していくのかを考え、マーケティングや技術、生産、組織などの各部署別に策定する戦略です。メーカーや製造業、財務戦略、研究開発戦略、プロモーション戦略、価格戦略など業種によって備えている機能は変わりますが、様々な実務に合わせた戦略があるのです。

また**事業戦略は、全社戦略に基づいて作成されますが、機能戦略は、事業戦略に基づいて作成されます。従って、全社戦略とも一貫したものでなくてはなりません。**

さらに戦略策定時に重要なことは、各機能の役割と相互性を熟慮した中で、互いの部署にシナジー効果が生まれるような戦略を考えるということです。

例えば、販売部と生産部が互いに情報を共有していなければ、より商品の魅力を打ち出した販売戦略は生まれないでしょう。また常に市場を見続け、消費者の声を肌で感じている営業部から、需要に則した商品を作ってほしいという意見が出ることも重要です。その意見をもとに技術戦略を練れば、より売り上げが上がるでしょう。

さらには、旬なものや限られた期間しか売り上げが伸びない商品に関しては、繁忙期に合わせた生産戦略、また一年中、販売できるような商品に改良するための研究開発戦略などが策定できます。

機能戦略は、各会社や事業部内にある事務、総務など、部署レベルでの施策なのです。

CHAPTER 1-02

戦略と戦術の違い

混同されやすい戦略と戦術

戦略、戦術を混同してしまうと、全てが機能しない

戦略と戦術をしっかり区別できないビジネスパーソンは少なくありません。この点が曖昧になってしまうと実践的な戦略や戦術は立てられないでしょう。また戦略だと思って作成したものが、実は戦術だったということも多いのです。

戦略とは、定めた目標を達成するためのシナリオです。一方、戦術は、そのシナリオ通りにことを運ぶための具体的な戦い方です。いわゆる手段です。そのため戦略は、大局的視野で作られ、戦術は、局地的視野で作られます。具体的に言えば、「新商品をどの市場に向けて、どんな打ち出し方で販売するのか」というのは戦略ですが、「誰が、どのように販売するのか」というのは戦術です。仮に戦略がなく、戦術のみでは、その場での売り上げは上がったとしても、その先の展開が見えません。これでは、企業としても、今後どのように進んでいくのか予測ができないでしょう。自社の成長のためにも、全社戦略に基づき、戦術と戦略を使い分けることが大切です。

〈戦略と戦術の違い〉

戦略

① 目的を達成するためのシナリオ

② 大局的な計画

③ 商品をどのようにして市場に出すのか?

戦術

④ シナリオ通りにことを運ぶための戦い方

⑤ 局地的な計画

⑥ どのようにして消費者に買ってもらえるのか?

戦略は、あらかじめ決めた目標を達成するためのシナリオである。それに対し戦術は、戦略で作ったシナリオ通りに戦う具体的な手段を表す。この二つは、あくまで相対するものではなく、相互的な作用を必要とする

2500年前の兵法書「孫子の兵法」が今のビジネス戦略に大活躍

「孫子曰く　その戦いを用うるや、勝つことを貴ぶ」

これは、孫子の兵法の一節で、「その戦いをする以上は、勝たなければならない」という意味です。孫子の兵法とは、紀元前5、6世紀の軍事思想家、孫武によって書かれた兵法書です。なぜ今日のビジネス戦略に影響を与えているのかというと、それは現代のビジネス界においても、各企業がひしめき合い、形は変われど当時と同じような戦いが行われているからなのです。例えば、手前味噌ですが、出版業界では1996年、2兆6000億円あった市場は急激に小さくなり、昨年は1兆500億円までに縮小してしまいました。そのせいで書店も年々減っていき、出版社も倒産しています。この業界で勝ち残ろうと思えば、戦略なくして、何があるというのでしょうか。生き残りをかけた出版社は、あの手この手を考え、生き抜こうとしています。このような状況の中でも、出版業界に新規参入する企業があるのです。以前の角川書店は、アスキーメディアワークスや中経出版など9社を吸収合併し、KADOKAWAになりました。その後インターネット事業を展開しているドワンゴとの合併を行い、映像から出版までメディアに関してはほぼ全てのツールを揃える日本で最大級の企業になったのです。これも戦略。姿形は変わっていっても、「戦う以上は、勝たなければならない」という信念は見て取れます。**今も昔も戦いに勝ったものだけが生き残れる社会の仕組みは変わらない**のです。

第一次世界大戦から生まれたランチェスター戦略

ランチェスター戦略の具体的な内容に関しては後述しますが、大まかに言うと戦力のある強者の戦い方と劣勢にある弱者の戦い方をそれぞれ紹介したものです。

この戦略は、第一次世界大戦時にイギリスの航空工学の研究者、フレデリック・ランチェスターによって提唱された「ランチェスターの法則」から生まれたのです。

つまり、**戦争時の分析、法則が現在のビジネスにおいても活躍している**ということです。

数年前にベストセラーになった『「超」入門　失敗の本質　日本軍と現代日本に共通する23の組織的ジレンマ』（著・鈴木博毅／ダイヤモンド社）では、太平洋戦争で日本軍ができなかったこと、またやってしまったミスを戦略、思考法、組織運営などのカテゴリーに分けて紹介しています。戦中の戦略は現代のビジネスにおいて転用できることばかりなのです。ビジネスでは、銃や剣を振りかざすこともなければ、当然ながらミサイルを撃つこともありませんが、思考や組織運営においての戦略は同じなのかもしれません。

「目標を決めて、それを達成する」「今ある戦力で、競合（敵）をどのようにして倒すのか」「そのための組織をどのようにして構築するのか」など共通点は多いのです。

これまでの戦争を分析してみれば、「孫子の兵法」「ランチェスターの法則」だけではなく、必ず今のビジネスに役立つヒントが隠されていることでしょう。命をかけて戦う場は、なにも鉛の弾が飛び交う戦場だけではないということです。

CHAPTER 1-03

ビジネス戦略の歴史

ビジネス戦略の体系化

1960年代、アンゾフによって事業の多角化戦略が考案される

1962年、ハーバード大学経営大学院名誉教授のアルフレッド・チャンドラーが『組織は戦略に従う』を出版しました。これまでも**組織と戦略という概念はありましたが、戦略をもとに組織されるという認識を明確にしたのです。あくまで事業には目的があり、その目的を実現するために組織がある**ということです。

1965年、経営戦略の創始者と呼ばれるイゴール・アンゾフは、数学、物理の博士号を取得し、『企業戦略論』を発表しました。当時の欧米先進国は、1950年の好景気以上の経済成長を続けていましたが、その影響で競合との摩擦が激化し、買収や吸収合併も増えてきたのです。それまでは管理原則の父と呼ばれるアンリ・フェイヨルが自著『産業ならびに一般の管理』の中に書いた6つの企業の経営活動（技術活動、商業活動、財務活動、保全活動、会計活動、管理活動）や経営管理プロセスはありましたが、**アンゾフの著書が出版されるまで、戦略的に経営していくという概念はありませんでした。**

〈ビジネス戦略の歴史〉

1962年
アルフレッド・チャンドラーが『組織は戦略に従う』を発表

↓

1965年
イゴール・アンゾフが『企業戦略論』を発表

↓

1967年
フィリップ・コトラーが『マーケティング・マネジメント』を発表

↓

1985年
マイケル・ポーターが『競争優位の戦略』を発表

↓

1994年
ゲイリー・ハメル、CK・プラハラードが『コア・コンピタンス経営』を発表

↓

2005年
トム・ケリーとジョナサン・リットマンが『イノベーションの達人』を発表

1980年代にポジショニングという考え方が台頭してきた

1967年、アメリカの経営学者、フィリップ・コトラーが『マーケティング・マネジメント』を発表しました。コトラーは、これまで各地で行われていたマーケティングを戦略的な観点から理論的に説いたのです。**「マーケティングを最も短い言葉で定義すると、『ニーズに応えて利益を上げること』となる」**というのはコトラーの言葉ですが、まさにマーケティングの真髄をいいあてています。さらにコトラーのマーケティング・プロセスの中では、「セグメンテーション、ターゲティング、ポジショニング」というプロセスがあり、市場における自社のポジションを重視した考え方が強いのです。

1985年には、ハーバード大学経営大学院教授を務めたマイケル・ポーターが『競争優位の戦略』を上梓し、今もなおビジネス戦略において大きな影響を与えています。ポーターは、**市場には、競合他社、新規参入者、代替商品、買い手、売り手の5つの力がある**と説きました。詳しくは後述しますが、それはファイブフォースといい、自社を分析するツールです。ポーターは、市場を中心に考え、そこで自社がどのように生き残れるのかというポジショニング主義の代表です。

1994年、ロンドンのビジネススクール客員教授でもあったゲイリー・ハメルとミシガン大学経営大学院教授のプラハラードが書いた『コア・コンピタンス経営』が話題となりました。コア・コンピタンスとは、「顧客に対して、他社がまねのできない価値を提供する、自社ならではの力」です。日本ではバブルが崩壊し、景気が没落。一気に不況となりましたが、アメリカでも同じように不景気が続いていたのです。その**小さくなっていく市場の中で自社の居場所を探すより、自社の強みをさらに強化して、市場を切り開く**道が注目されたのかもしれません。今も様々な場所でコア・コンピタンスを核としたビジネス戦略が行われています。

2005年、デザインコンサルタント会社、アイディオの経営者トム・ケリーとビジネスライターのジョナサン・リットマンが『イノベーションの達人』(日本版は2006年)を発表。イノベーションを成功させる10の人材、またその人材を、情報収集するキャラクター、土台を作るキャラクター、実現させるキャラクターなど3つの役割に分類しています。イノベーションが欠かせない現代のビジネス戦略にはなくてはならない一冊です。

ここでは大まかなビジネス戦略の流れを追ってみましたが、他にも、世界のトップコンサルタント企業、BCG(ボストン・コンサルティング・グループ)の誕生やVRIO分析を考案したジェイ・バーニー、ブルー・オーシャン戦略を生み出したチャン・キムとレネ・モボルニュなどビジネス戦略に影響を与えた人物を挙げればきりがありません。

ビジネス戦略とは、このような学者たちの発想や論理力で実際に行われたビジネス行動を分析し、体系化されたものです。ですから机上の空論ではなく、現場で活用できる実践的な戦略なのです。

CHAPTER 1-04

戦略を考える2つの視点

ポジショニングとケイパビリティ

ポジショニングとケイパビリティの特徴

ビジネス戦略を思案する上で、重要な考え方は、ポジショニングとケイパビリティです。ポジショニングとは、市場における自社のポジションを探し、そのポジションを確保するための戦略を立てるための方法です。この場合、重要なことは、**競合他社と比べて、自社の商品に独自性を持たせる**ということです。同じような商品では、自社独自のポジションはつかめません。顧客のニーズに応えることができる新たな商品を生み出すことが可能であれば、ポジショニング戦略が有効だと言えるでしょう。

一方、ケイパビリティとは、市場に目をやるよりも**自社にある強みを探り、その強みを生かした戦略を立てる**方法です。例えば、競合他社にない研究開発力があれば、その能力を生かし、斬新な商品を生み出します。また独自の生産方式を確立させ、受注発注ができるようなシステムがあれば、競合他社と同じような商品でも優位に立つことができるでしょう。この2つの視点で自社を考え、自社に合った戦略を策定することが大切です。

〈ポジショニングとケイパビリティ〉

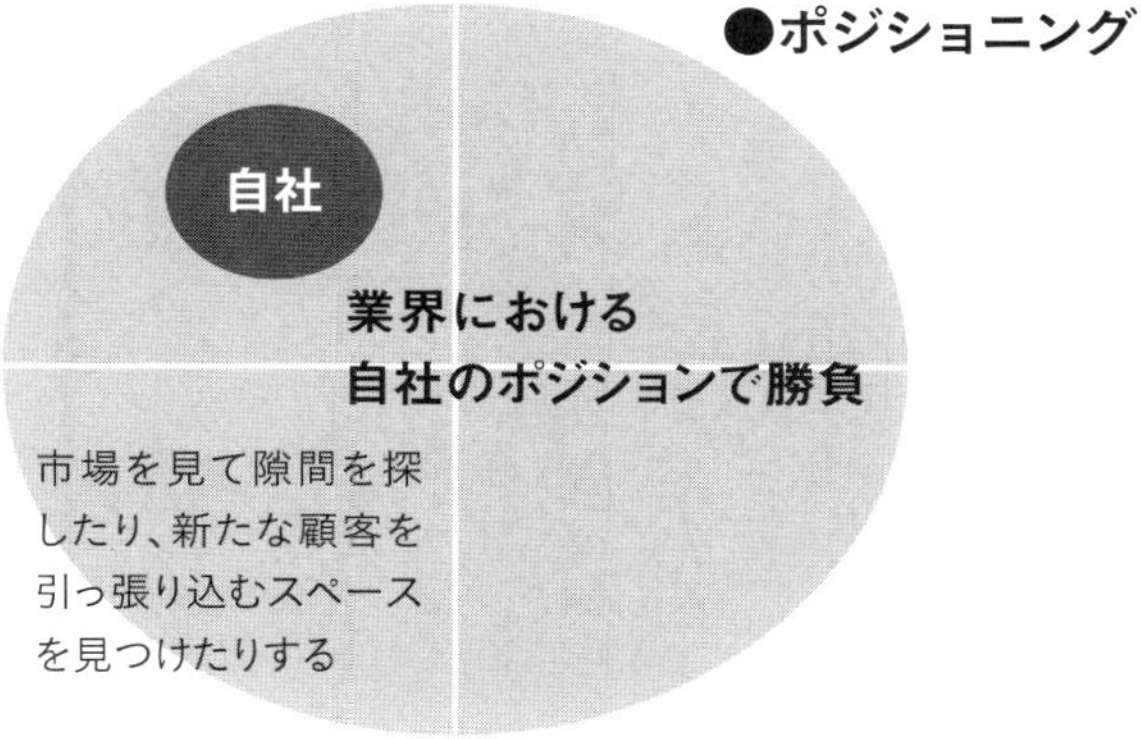
●ポジショニング
自社
業界における
自社のポジションで勝負
市場を見て隙間を探したり、新たな顧客を引っ張り込むスペースを見つけたりする

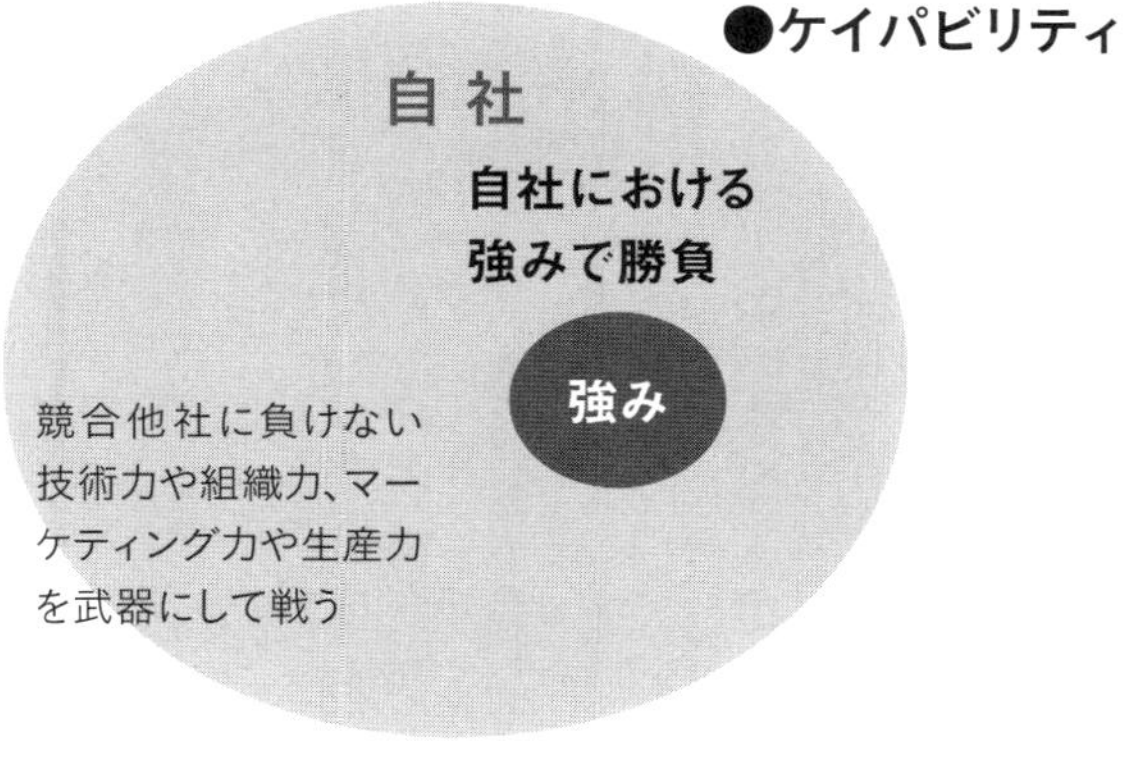
●ケイパビリティ
自社
自社における
強みで勝負
強み
競合他社に負けない技術力や組織力、マーケティング力や生産力を武器にして戦う

ポジショニングとケイパビリティ、どちらが重要？

具体的にどんな時にポジショニング戦略をとり、どんなケースにケイパビリティ戦略をとったらよいのでしょうか。

ポジショニングを考える前に、市場調査が必要です。これから参入しようとする市場に自社が入り込む隙間があるかどうかを考えなければなりません。それには今ある市場の中で空いている場所を探します。インターネットを利用したり、町中でアンケートをとったりし、まずは顧客が何を求めているのかを探ります。現状の顧客の不満を解消したり、要望を叶えたりする商品が開発できれば、他社が手をつけていない市場に投入することができるのです。詳しくは後述しますがセグメンテーション、ターゲティングも重要です。

「ファイブフォース」などでおなじみのマイケル・ポーターは、ポジショニング派と言われています。同じような商品をどのように差別化してポジションをつかむのかを考えるのです。例えば、同じような一杯のコーヒーを自動販売機では100円ですが、喫茶店では300円から500円、またホテルや高級飲食店では1000円以上で提供しています。それはサービスを変えることによって付加価値をつけ販売しているのです。この場合、100円の缶コーヒーと1000円以上のホテルのコーヒーでは、同じポジションにはいません。**独自のサービスを考えることでポジショニング戦略は成り立つ**のです。

その一方で、ケイパビリティ戦略は、自社の強みを徹底的に活用します。自社のケイパビリティを見つけるには、まず組織やオペレーション、人材育成などのシステムに目を向けましょう。様々なフレームワークを使って自社を分析すると、より正確なケイパビリティを見つけることができます。例えば、VRIO分析。Value（経済価値）、Rarity（希少性）、Inimitability（模倣困難）、Organization（組織）の視点から自社を分析してみます。経済価値とは、自社の経営資産、また他社に負けない資産のことです。希少性とは、レアな特徴です。自社には他社にないレアなシステムや技術、組織システムがあるかを見てみましょう。模倣困難とは、模倣されにくいものです。どんなに優れたものでも、簡単に他社がまねできるようであれば、市場を席巻することはなかなか難しく、模倣されにくいという点は、中長期で戦略を立てる場合には、非常に重要です。最後に組織ですが、どんなに良い能力やシステムを持っていてもそれを継続的に運営する組織がなければ、意味がありません。このように**自社のケイパビリティを見つけ、そこから戦略を考えることがケイパビリティ戦略**なのです。

この2つは相反するものではありません。ポジショニングだけでは、戦略として不十分な点が出てくるでしょう。その時はケイパビリティを生かしたポジショニングを考えてみます。ポジショニングとケイパビリティの両方を生かした戦略が策定できれば、これほど素晴らしいことはありません。**会社を永続的に成長させようと思うのであれば、一つの方式にとらわれず、柔軟な発想で、戦略を作ることが求められます。**

CHAPTER 1-05

経営理念から戦略、戦術は生まれる

ミッションとビジョン

ミッションとは会社理念

ミッションとは会社理念や会社が存続する目的を指します。自社が、社会の中で経営活動し、生きていくためには、ミッションは必要不可欠なものになるでしょう。

例えば、パナソニックの経営理念は、「私たちの使命は、生産・販売活動を通じて社会生活の改善と向上を図り、世界文化の進展に寄与すること」というもので、会社の事業目的とその社会における役割、存在の理由を表したものです。この**理念が大本にあり、そこから、ビジョン（目標）が作られます。**

逆に言えば、どんなに儲かる商売でも、社会生活の改善と向上が図れず、世界文化の進展に寄与することができなければ、やらないということです。また、この下に行動理念などがありますが、どんな企業も自社で定めた理念を守っていかなければ、法人としての信用は得られないでしょう。全社戦略も経営理念から外れることはありません。理念のもと事業の展開、様々な戦略が考えられるのです。

〈ミッションとビジョンの位置付け〉

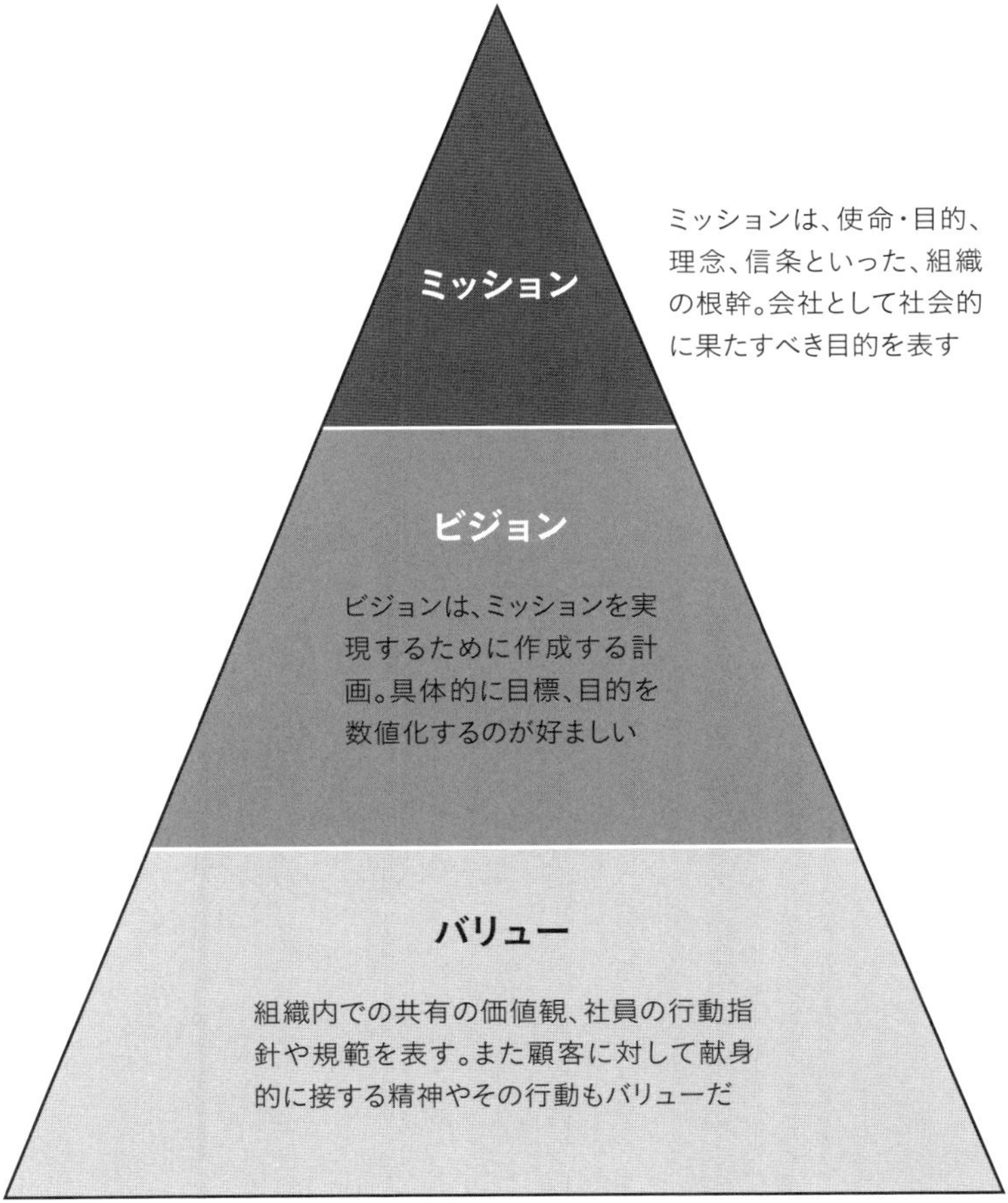

ミッションとビジョンの策定方法

ミッションとビジョン、まずはこの違いを知ることが必要です。

ミッションとは、使命・目的、理念、信条といった、組織の根幹です。社会にとってどのような役割を果たすのか、その信念がミッションに組み込まれると誰が見てもわかりやすく、評価されやすいでしょう。一方、ビジョンは、ミッションを実現するために作成する計画です。ここには「いつまでに、何を、どうするのか」を具体的に数値化するのが好ましいのです。

例えば、現在は、東南アジアやアフリカなどを緑化しながら農作物を作る事業をしている会社のミッションが「世の中から飢餓で亡くなる子どもたちをなくす」というものだったとしましょう。非常に壮大なミッションですが、企業理念としては立派で素晴らしいと思います。またビジョンは、「3年後に100万人分の食糧を生産、また確保する」というものです。では、「どのような方法で食糧を確保するのか？」を考えます。これが戦略になるのです。そこから戦術へと落とし込んでいきます。このようにミッションは、抽象的でも「自社で、どのようなことを実現したいのか」を掲げることが重要なのです。またビジョンは、ミッションを実現するための目標ですから、あまりに壮大で実現不可能な絵空事ではダメです。3年、5年、10年後といった、中長期スパンで考えるため、「できるかどうか……」というほどの目標を立て、そこから事業戦略に落とし込んでいきましょう。壮大なミッションと大きなビジョンが会社を成長させてくれるでしょう。

大企業のミッションや経営理念は壮大である

いくつか大企業のミッション、または企業理念を見てみましょう。

まず、みずほ銀行の理念・ミッションは「世界最高レベルのオルタナティブプロダクツを選りすぐり顧客に提供すること」。

ファーストリテイリンググループのミッションは、「本当に良い服、今までにない新しい価値を持つ服を創造し、世界中のあらゆる人々に、良い服を着る喜び、幸せ、満足を提供します。独自の企業活動を通じて人々の暮らしの充実に貢献し、社会との調和ある発展を目指します」。

サントリーグループのミッションは、「人と自然と響きあう」。

キリンホールディングスは、「あたらしい飲料文化をお客様と共に創り、人と社会に、もっと元気と潤いをひろげていく」。

トヨタ自動車の基本理念は、「人・社会・地球環境との調和を図り、モノづくりを通して持続可能な社会の実現を目指します」。

ソフトバンクグループは「情報革命で人々を幸せに」。

楽天グループは「インターネット・サービスを通じて、人々と社会を〝エンパワーメント〟する」です。このように**各企業のミッションや企業理念は、創業者の想いやこれから進んでいく大きな希望を描いている**のです。ぜひ、策定時は参考にしてみてください。

CHAPTER 1-06

コア・コンピタンスを明確にする

他社に負けない強み

コア・コンピタンスの役割？

コア・コンピタンスとは、一言で言うと「**他社に負けない企業の核となる強み**」です。企業内に蓄積された他社がまねできない専門的な能力、技術力などを指すこともあります。このように書くとケイパビリティと混同しがちですが、ケイパビリティは企業内の強み、コア・コンピタンスは、競合他社にまねされにくく、顧客が認める価値を作り出し、他事業への展開力があるものを指します。

コア・コンピタンスは、**市場経済における自社特有の技術やシステムなどの強みなので、市場環境の変化や競合他社との相対的な関係で変わってしまいます**。3年前、我が社のコア・コンピタンスだったものが、今では一つの能力になってしまったというケースも少なくありません。つまり、競合よりも優位性を持ったケイパビリティを武器にポジショニングしたとしても、当然そのコア・コンピタンスは普遍的ではないということです。一度、コア・コンピタンスとなったスキルやシステムも定期的にチェックする必要があるのです。

〈コア・コンピタンスとは〉

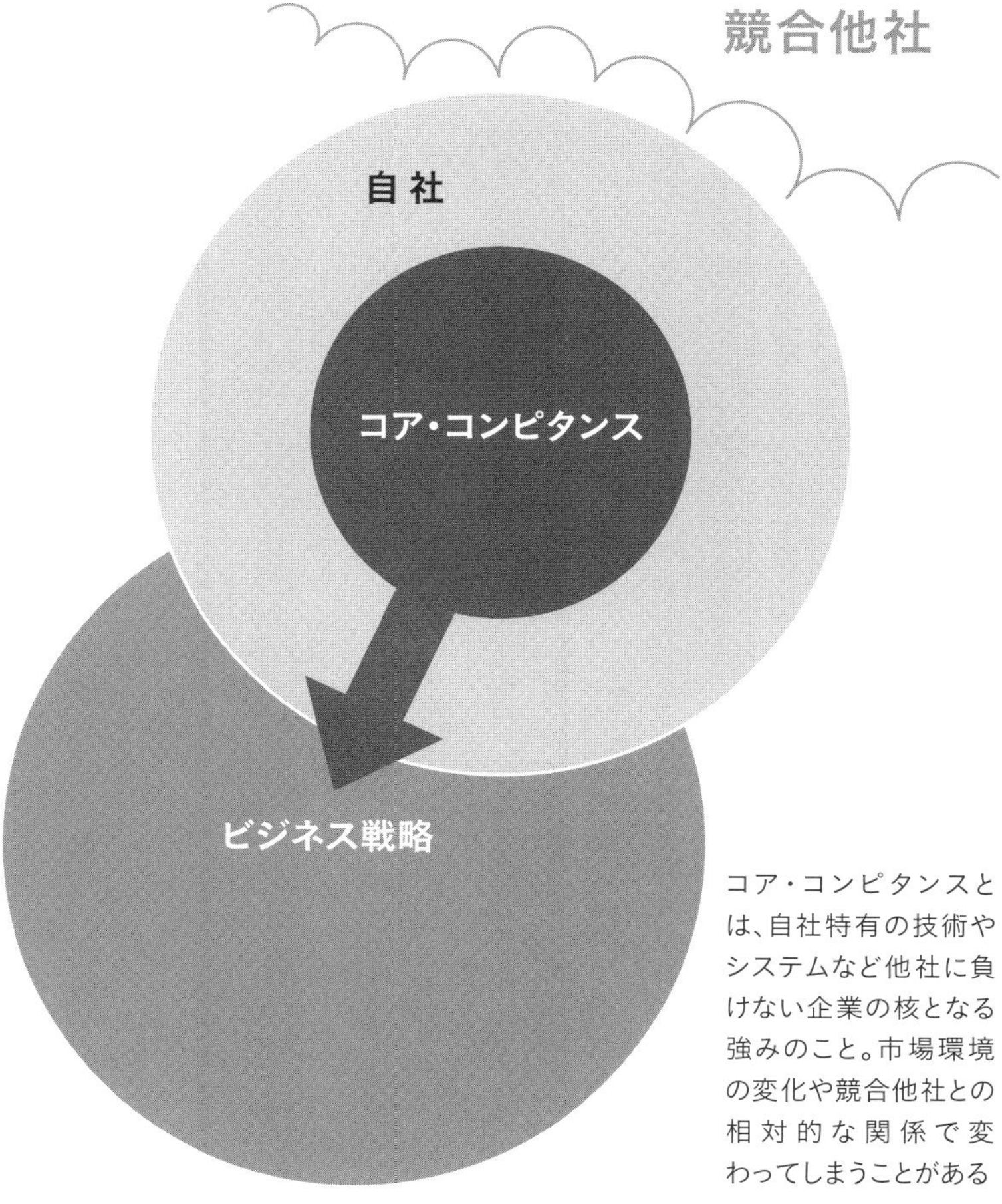

コア・コンピタンスとは、自社特有の技術やシステムなど他社に負けない企業の核となる強みのこと。市場環境の変化や競合他社との相対的な関係で変わってしまうことがある

コア・コンピタンスを明確にするために現状を分析する

では、どのようにしたらコア・コンピタンスを見つけることができるのでしょうか。
まずは自社の強みを探しましょう。その方法として、ここではSWOT分析を使います。自社の「強み（Strength）」「弱み（Weakness）」「機会（Opportunity）」「脅威（Threat）」の4つに分けて記入していきます。またロジカルシンキングで用いられているMECEという手法を使い、強みをあぶり出すことも可能です。

これらの分析方法で自社の強みを明確にしたら、その強みを模倣可能性、移動可能性、代替可能性、希少性、耐久性という5つの視点から見てみましょう。

そこに優位性はありましたか？

あればコア・コンピタンスとして市場で負けない武器になります。

コア・コンピタンス経営をしている企業をいくつか挙げてみましょう。

まずは、ホンダです。ホンダには他にはまねできないエンジン技術があります。このエンジンを使ってオートバイや車だけではなく、草刈り機や除雪機まで幅広く展開しています。この技術力がまさにコア・コンピタンスです。

次にトヨタ自動車の効率化を図った「カイゼン」や「かんばん方式」の生産システムは世界で認められています。また「必要なものを必要な時に必要な分だけ作る」というジャスト・イン・タイムというシステムも製造業に広く転用でききコア・コンピタンスと言えるでしょう。

カメラのブランドとして有名なキヤノンは、画像処理などの映像処理技術に突出し、このコア・コンピタンスを生かし映像機器、カラープリンターなどの市場にも参入しています。セブン＆アイ・ホールディングスは、コンビニエンスストアや総合スーパー、また百貨店など全国を網羅する店舗を生かし、セブン銀行を開設。ブランド力を生かした戦略ですが、それだけではなく、小売業と銀行を同時に展開することによってのシナジー効果は大きいでしょう。まさにコア・コンピタンス経営の成功例に相応しい企業です。

その他に、ソニーの小型化技術やフェデックス・エクスプレスの荷物追跡技術が挙げられますが、荷物を追跡できる機能は現在、他社でも取り入れられています。先述したように各社の技術革新の努力と共にコア・コンピタンスではなくなることがあるのです。

コア・コンピタンスは、その市場でのポジショニングとも関係するので、今すぐに作り上げることは難しいでしょう。実例で出した企業を見てください。ホンダはバイクのエンジン開発をし、すぐに草刈り機や除雪機まで展開したでしょうか。キヤノン、セブン＆アイ・ホールディングスも同じくすぐに展開できるものではありません。だからこそ**今から5年、10年先の市場を予測しながら自社のケイパビリティをコア・コンピタンスに成長させましょう。**今持っている能力が事業展開と共に、その市場を席巻する希望を持って。

戦略の活用には「ミッション」「ビジョン」の他に「バリュー」が必要

戦略を練る上で忘れてはならないことは、「ミッション」「ビジョン」「バリュー」という視点で見るということです。先述したように「ミッション」は、使命、目的、理念、信条といったものであり、「ビジョン」は、近い将来、成し遂げるべき目標です。「バリュー」とは、組織内での共有の価値観、社員の行動指針や規範を表します。

それでは、いくつかコアバリューを見てみましょう。ある大手お菓子メーカーのバリューでは、「顧客の立場で顧客が望むものを明確に把握する」「顧客の意見を拾い集めて業務に反映する」「顧客と関連のある仕事を最優先に考えて、速やかに対応する」「顧客が期待する以上の製品とサービスを開発する」「顧客との約束は、いかなる状況でも守る」「同じようなクレームが二度と生じないようにトラブルを解決する」というものがあります。またある外資系企業では、「ニーズに耳を傾け、未来を描く」「最高の専門性を惜しみなく提供する」「常にお客様を第一と考え、行動する」「独自のアイデア創出に挑む」「会社と自分自身を常に進化させる」「野鴨の精神を尊ぶ」「個人的な関心を寄せる」「考え、準備し、事前の修練を徹底する」「団結してすみやかに取り組む」というコアバリューがあります。

これらは全て、顧客へのサービスやどのような姿勢で業務に取り組んでいるのかを明確にしたものです。

CHAPTER 2

全社戦略で基盤を作る

CHAPTER 2-01

ドメイン設定から全社戦略がはじまる

各事業部が円滑に仕事ができるよう統括する

ドメインの設定の3つの視点から

ドメインとは、インターネットの世界ではアドレスを表すものですが、経営戦略の用語としては「企業が定めた事業活動を行う領域」を指します。このドメインに沿って事業展開や企業の進むべき方向も定められるのです。

1980年にデレク・エーベルは、自著の『事業の定義』で事業ドメインという概念を発表しました。事業を定義するポイントは、「事業の対象となる顧客(誰に向けて価値を提供するのか?)」「顧客ニーズを満足させるもの(どのような価値を提供するのか?)」「そのニーズを満足させる技術(どのような技術が必要なのだろうか?)」の3つです。

この3つの問いの回答がドメインを設定するキーワードになってきます。**忘れてはならないことは、ケイパビリティなしには策定できない**ということです。自社の能力を深掘りし、そこにある強みや優位性を考慮せずに、「人気のある市場だから」「これから伸びそうな市場だから」という理由で参入すると大変な失敗をしてしまうかもしれません。

〈ドメイン設定の3要素〉

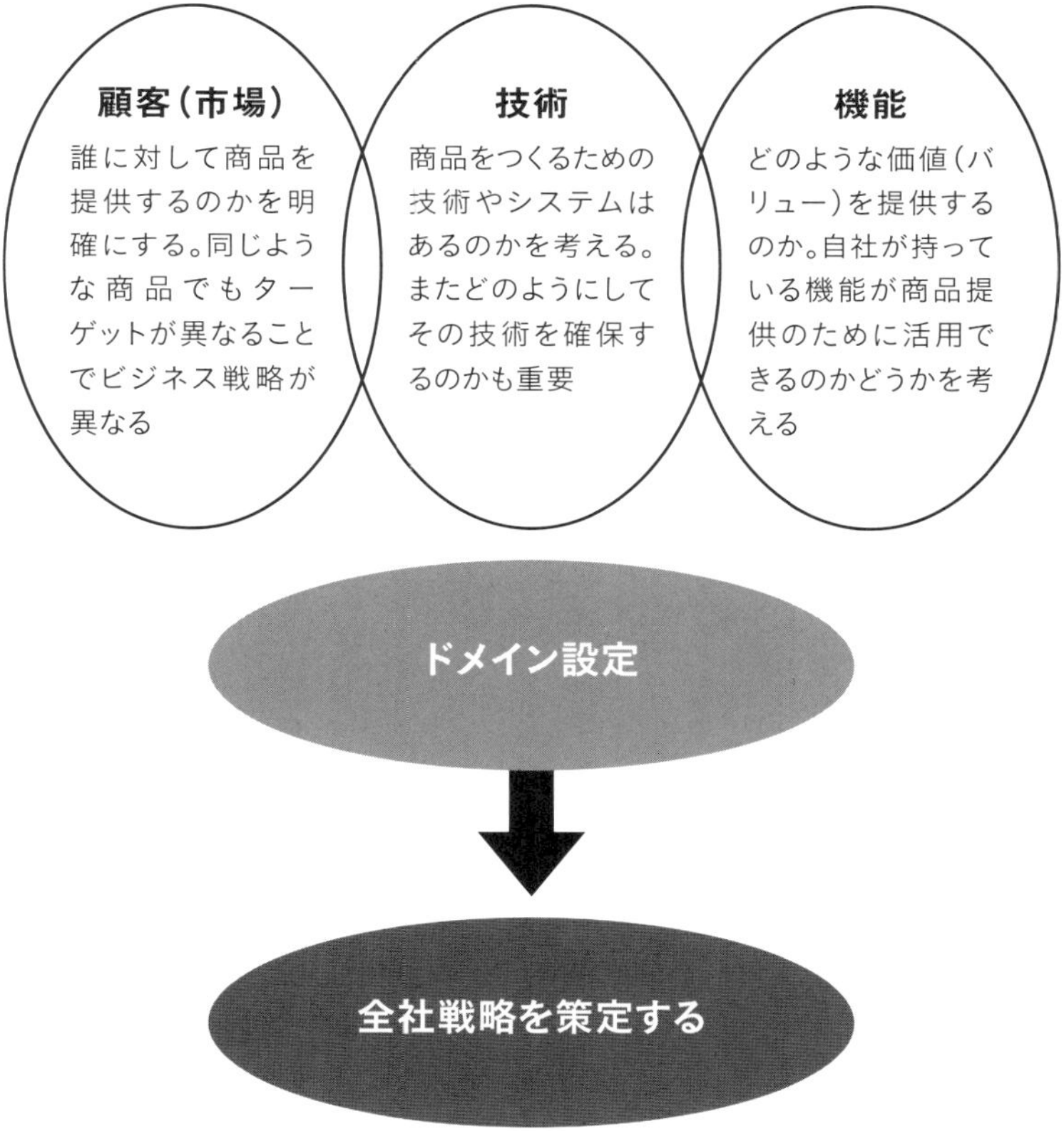
顧客（市場）
誰に対して商品を提供するのかを明確にする。同じような商品でもターゲットが異なることでビジネス戦略が異なる
技術
商品をつくるための技術やシステムはあるのかを考える。またどのようにしてその技術を確保するのかも重要
機能
どのような価値（バリュー）を提供するのか。自社が持っている機能が商品提供のために活用できるのかどうかを考える
ドメイン設定
全社戦略を策定する

ドメインの必要性

ドメインを設定する上で重要なことは、**あまり狭い範囲で設定してしまわない**ということです。狭すぎると将来的にもっと大きな事業展開をしようと考えた時に、障壁になってしまうことがあります。この失敗を「マーケティングの近視眼」と言います。

これは、マーケティング学者セオドア・レビットが提唱したもので、あまりにドメインを狭く設定することで、視野が狭くなってしまうという概念です。昔、アメリカの映画産業は「映画事業」と決め付けたために、その後登場したラジオやテレビ、テーマパークに市場をとられてしまったという話があります。この時、映画事業が、ドメインを「娯楽事業」と策定できていたら、違う展開があったことでしょう。このように領域の狭いドメインは、経営者、社員の目を近くにあるものしか見えないようにしてしまう危険性があるのです。

一方、**その範囲が広すぎてもよくありません**。様々な方向にマンパワーや企業資産が分散し、企業としての力も弱まってしまいます。事業の指針がはっきりせず、ドメインを設定したメリットはありません。覚えておくべきことは、ドメインは変更可能だということです。ケイパビリティやポジショニングを考えて、中長期的な戦略と共にドメインを見直すことも大切です。実際にハードウェア・メーカーだったＩＢＭはドメインを「ソリューションサービス」と再定義することでソフトウェアとサービスを提供する企業に転換できたのです。いずれにせよ、広すぎず狭すぎないドメイン設定を心がけましょう。

大企業の多角化と事業部制から全社戦略という考え方が生まれた

ハーバード大学経営大学院教授のアルフレッド・チャンドラーは、1962年に著書『組織は戦略に従う』を発表しました。この本の中で戦略によって組織が変わっていくことを提唱しました。彼が研究していた当時は、集権的職能別組織、いわゆる本社で一括決裁というシステムから、事業ごとで決裁のできる事業部制に移行する企業が多かったのです。ですから企業が成長するのであれば、多角化が必要であると考えたのでしょう。そこで『組織は戦略に従う』では、多角化戦略をとるならば、事業部制にするべきだと述べています。

事業部制にするということは、それを統括するために全社戦略が必要になります。先述したように全社戦略とは、**多くの事業部を抱えた企業が、それぞれの事業部を統括するためにあります**。どんなに優れた事業戦略でも、他部署との相互関係を考えなければ、企業として素晴らしいパフォーマンスは発揮できません。また資金調達についても、全社戦略が必要です。企業からの投資や金融機関からの融資などは一事業部で受けられるものではないからです。企業としての信用があるから資金は集まるのです。

また順調に企業が成長していけば、多角化が進むでしょう。多角化が進む中で全て本社で決裁するのであれば、事業展開のスピードは落ち、現場の意見が反映されにくく効率が悪くなります。ですから分権化して事業部制にするのです。事業部制にしたら、それぞれの事業部が円滑に仕事ができるよう、それを統括する部門が必要です。それが全社戦略なのです。

CHAPTER 2-02

市場開発戦略を作る

市場浸透・市場開拓・新商品開発・多角化

アンゾフの成長マトリクス

ブルー・オーシャン戦略の中でも言われることですが、競合他社のいない新しい市場を見つけても、すぐにレッド・オーシャン(血みどろの戦いが繰り広げられる市場)になってしまいます。だからこそ常に新たな市場や既存の市場でも新商品を投入したり、これまでの商品を改良したりしなければ、企業の存続は難しいのです。

現に「これまで順調に売り上げを上げていた商品が、類似商品の増加により、だんだん売れなくなってきた」「新たな事業を展開したい」などと悩んでいる経営者、また幹部たちの声を聞きます。そんな時は、「アンゾフの成長マトリクス」でどこの市場で勝負するのか、どの商品で戦うのかを判断してみましょう。アメリカの経営学者、イゴール・アンゾフが提唱した「アンゾフの成長マトリクス」は全社戦略を策定するためのフレームワークとして広く使用されています。詳しくは次のページに書きますが、**市場と商品を組み合わせることで戦うべき場所とアイテムがわかる**のです。

〈アンゾフの成長マトリクス〉

		商品、技術、サービスetc	
		既　存	新　規
市場	既存	① 市場浸透戦略は、現在の市場で、さらに売り上げを上げていくための戦略	③ 新商品開発戦略は、既存の市場に、新しい商品を投入する戦略
	新規	② 市場開拓戦略は、現在自社で発売している商品を新しい市場で展開させる戦略	④ 多角化戦略は、新しい市場に対して、新しい商品を販売する戦略

①市場浸透戦略、②市場開拓戦略、③新商品開発戦略、④多角化戦略のそれぞれのカテゴリーにあった戦略をとる

アンゾフの4つの戦略的要素

それでは、先ほどのマトリクスの中を詳しく見てみましょう。

①市場浸透戦略は、現在の市場で、さらに売り上げを上げていくための戦略です。そのためには、今の商品自体を改良し、よりグレードアップさせたり、競合他社にこれまでの顧客をとられないようにサービスを向上、また広告宣伝などを活用したりします。

例えば、カップ麺やお菓子であれば、20%増量などで、お得感を出し、既存のお客の購買意欲をかき立てる手法があります。また、同じ市場にある競合他社の顧客をこちらに呼び込むことも有効な手です。

②市場開拓戦略は、現在自社で発売している商品を新しい市場で展開させる戦略です。主に国内市場で販売していた商品を海外市場で展開したり、地方で地盤を固めたお店が全国展開したりする場合も、この戦略にあたります。はじめは競合相手のいない市場でも、その市場に魅力があれば、すぐに多くの企業が押し寄せ飽和状態となります。常に先の市場を探しておくことも経営を継続していくためには必要な戦略です。

近年、日本の人気ラーメン店が続々と海外に進出しています。これは市場開拓戦略です。ラーメン激戦区と言われる場所で勝ち残ることができれば、さらに市場を広げる足がかりとなるでしょう。場所だけにとらわれず、これまで女性用に出していたコスメチックを男性向けに販売したり、子ども用の商品を高齢者用に転用したりする戦略もあります。

③新商品開発戦略は、既存の市場に、新しい商品を投入する戦略です。これまでの市場データが蓄積されているのであれば、それをもとに新しい商品を開発できる企業が有利です。市場は、既存の商品を販売しているため、ある程度把握できるので、既存商品が売れなくなる前に新商品を開発すればよいのです。また既存商品と新商品のシナジー効果を考え展開すれば、非常に大きな事業になるでしょう。

④多角化戦略は、新しい市場に対して、新しい商品を販売する戦略です。この戦略は、実際のデータがないため、リスクは大きいですが、その分当たればリターンも大きいでしょう。ただ現在のように市場の移り変わりが激しい社会では、リスクヘッジとして多角化をする企業もあります。また業務提携や企業買収などで他社の技術を手にいれ、新たな市場に勝負するケースもあります。

例えば、パーソナルトレーニングジムのライザップは、ダイエットをキーワードに食品を開発し販売しています。

多角化をする時に重要な点は、シナジー効果があるかどうかです。それぞれの事業が互いに良い関係にあり、売り上げはもちろん、イメージアップにつながればよい多角化戦略だと言えるでしょう。

自社の商品は、これらの４つのカテゴリーのどこで勝負できるのかを冷静に考え、結論が出れば、迷うことなく事業戦略を作りましょう。

CHAPTER 2-03

事業の多角化戦略が明暗を分ける

多角化の必要性

なぜ多角化しなければならないのか

企業は、なぜ事業の多角化をするのでしょうか。いくつか理由があります。その中で多いのが、既存の事業が好調で、技術も人材もある、これらを新たな市場に移行して、もっと売り上げを上げようという考えでしょう。1960年代のアメリカは失業率も低下し、好景気でした。そのおかげで大企業は成長を遂げ、各事業の成熟化と共に、新しい市場にも手を伸ばしていったのです。日本では1980年代のバブル期に多角化戦略がブームになりました。これまでやってきた事業は軒並み好調、一つの事業だけに収まっているのはもったいないという空気が飽和し、多角化経営をはじめる企業が増えたのです。先述したアンゾフの成長マトリクスに関連して、アンゾフの多角化戦略があります。既存の顧客に新商品を販売することは「水平型多角化」といいます。次に製造業者が小売業をはじめたりする「垂直型多角化」があります。さらに既存の商品や技術などを新しい市場に投入することを「集中型多角化」、新しい市場に新しい商品で挑むことを「集成型多角化」といいます。

〈多角化のメリット、デメリット〉

メリット

- 変化の激しい時代に対応できる強さが身につく
- 既存の技術を転用し新たな市場へ参入することができる
- やり方によりイメージアップ戦略にも活用できる
- 有り余った人材や技術をフル活用できる

デメリット

- 資本力を分散させるためにコストがかかる
- 一つの事業が傾くと他の事業まで足を取られる
- 各事業部の意思疎通が難しくなる
- 新たな市場の情報が乏しく、戦略が立てにくい

多角化のメリットは、時代の変化に対応しやすい戦略だということ。自社が持っているケイパビリティを存分に活かし、新たな市場を開拓することができる。一方、デメリットは、資本が分散するだけではなく、一つの失敗が大きな影響を及ぼすという点である

多角化のメリット、デメリット

多角化で得られるのは、メリットばかりではありません。もちろん物事は表裏一体なので、良い面があれば、悪い面もあります。

多角化する場合のデメリットとしては、新しい市場に参入するには、経験がない、情報が乏しい、新商品が売れるかどうかがわからないなどというリスクがあります。また事業の数が増えれば増えるほど、人件費や固定経費など企業資産が分散されます。例えば、新たな事業のためだけに製造工場を作るとしたら、大変な支出とリスクが生まれます。今は売り上げが上がるだろうという目算で新しい市場に入っても、すぐに市場自体が疲弊してしまえば、トータル的にマイナスになることもあるからです。

メリットは、やはり各事業部のシナジーがあるということでしょう。また既存の商品開発の技術を新商品に転用できれば、コストカットも可能です。

多角化経営で、良い結果を上げた例を紹介しましょう。発明王のトマス・エジソンが創業したGE（ゼネラル・エレクトリック）は、昔はただの大手電機メーカーでした。しかし多角化に乗り出すと、1960年代後半には、航空・宇宙事業、航空機エンジン事業、家電事業、情報システム事業など数多くの事業を展開していました。近年では、金融など撤退する事業があると同時に新たな市場への参入を繰り返しています。特徴としては、シナジーだけを考えていないという点です。その市場でトップクラスに入れるのであれば積極的に事業展開をするのです。

国内では、日本たばこ産業は多角化経営でうまい転換をしました。禁煙を推進する社会の風潮の中、いち早く加工食品や飲料事業、また医薬事業にまで参入し、売り上げだけではなく、イメージアップにも成功しています。多角化は、単に売り上げに関してのシナジーだけではなく、様々な見えない利益を共有することもできるのです。

一方、失敗した例も紹介しましょう。

ある企業は、バブル時期よりも早く多角経営に乗り出しました。繊維事業、化粧品事業、薬品事業、食品事業、住宅事業と、5分野の事業があったことからペンタゴン(五角形)経営と呼ばれていたのですが、バブル崩壊後、産業再生機構の傘下に入ることになったのです。多角化することで、ある一つの事業が大きな負債を抱えると、他の事業の売り上げで補塡したり、他の事業が足を引っ張られたりすることになります。リスクヘッジのために多角化に乗り出したら、逆に全体の売り上げが深刻化したというケースも少なくありません。この企業は経営体制、組織体制を見直すことで復活しました。

取り返しのつかない事態になる前に、何を残し、何を切るのかを明確にし、「選択と集中」が重要になります。軽い気持ちで多角化するのではなく、市場を読み、コア・コンピタンスを持って参入したいものです。

複数の事業を管理する

プロダクト・ポートフォリオ・マネジメント

PPMで自社の事業部を一括分析

BCG（ボストン・コンサルティング・グループ）が考案したPPMとは、プロダクト・ポートフォリオ・マネジメントの略で、複数の事業を展開する企業が、全ての事業をまとめて管理するシステムです。左の図のように、**自社の売り上げに貢献している部署や、逆にお荷物になっている部署を明確にし、会社の成長戦略を考えます。**

「花形」に分類される商品は、成長している市場に投入された勢いのあるものです。逆に「問題児」は、市場は魅力的で成長しているにもかかわらず、自社の商品はまだシェアをとれていない商品です。また設備投資や人材など多くの経営資源を必要とするため、失敗した時のリスクは甚大です。設備投資や人材にお金がかからず、大きな売り上げを上げるのが、「金のなる木」です。しかし遠くない将来、市場が衰退期に突入するので将来性は見込めません。「負け犬」は、市場が衰退している上に、赤字続きという商品です。早期撤退を余儀なくされる荒野。次のページでは、これらをより詳しく紹介しましょう。

〈PPM（プロダクト・ポートフォリオ・マネジメント）〉

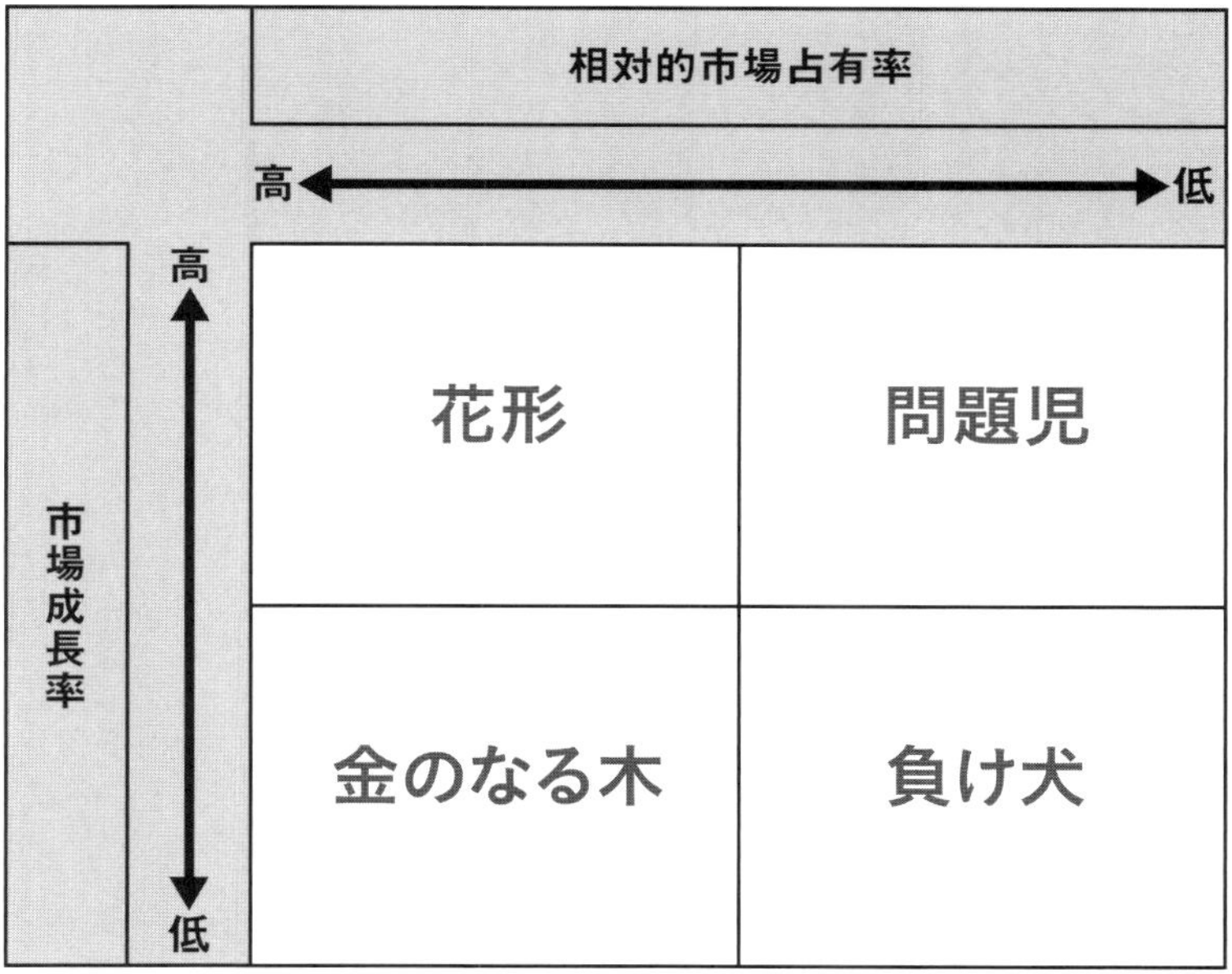

各商品が、自社にとって必要なのか、不必要なのかを明確化するマトリクス。「花形」は、成長している市場に投入された勢いのある事業や商品であり、「問題児」は、市場は成長しているが、売り上げを上げることのできないもの。「金のなる木」は、資金がかからず、大きな売り上げを上げているもので、「負け犬」は、市場が衰退し、事業も赤字続きという早期撤退を余儀なくされる分野だ

「花形」「金のなる木」「負け犬」「問題児」がとるべき方法

「花形」は、将来性も高いので、どの企業もこの分野の事業に注力します。しかし市場自体が成長しているために、収入も多いがそれに伴う支出も多いのです。例えば、数年前に、ある電気機器メーカーが、液晶テレビ産業へ参入したとします。もともと持っていた技術を転用し、優れた商品を作ったため、市場でシェアをとることができました。まさにその企業にとっては、「花形」事業です。需要が伸びるにつれて、人材を増やし、工場も増やします。もちろん順調に売り上げを伸ばしていますが、設備投資や研究開発費、固定費がどんどん大きくなってくるのです。この投資をケチると、競合他社に大きな市場をとられることにつながるかもしれません。売り上げを上げるためには、大きな投資をしなければならないのです。ここで注意が必要です。トレンドの移り変わりが激しい社会ですから、いつ液晶テレビの代替商品が現れてくるかわかりません。その兆候を見逃し、これまで通り投資をしていたのでは、ただお金を垂れ流すことになってしまいます。

「問題児」は、市場が成長しているので、他社に負けないように設備投資や研究開発費を投入しなければなりませんが、それと売り上げが伴わない事業を指します。だからと言ってすっぱりと切ると大きな市場を逃してしまいます。この「問題児」をいかに「花形」に育てるかが、腕の見せどころなのです。どんな事業も新規参入直後は、「問題児」になりがちです。最近、電力自由化で多くの企業が電力の自由取引市場に参入しました。しかし既存の大手電力会社が幅をきかせているため、その他多くの企業の電力事業は「問題児」に位置するでしょう。この段階で、売り上げが立たないからといって撤退するのであれば、もともと参入しなければよかったということになってしまいます。企業の経営資産を考えながらも、今は投資し、数年後、「花形」になってくれることを信じて事業戦略を練るのがよいでしょう。

「金のなる木」は、市場の成長率は低いのですが、高いシェアを占めた事業です。市場としては成熟しているので、研究開発やインフラ整備に大きな資金をとられることはありません。しかし将来性という面では、まだ「問題児」の方に分があります。この事業は、大きな投資を必要とする勝負をするのではなく、収益をしっかりと吸い上げ、「花形」または「問題児」に投資するのがよいでしょう。さらに会社としても大きな収益があるため、メインの事業になりがちですが、将来を考えて、あまり頼りすぎないようにしましょう。市場は変化していきます。その変化に会社も対応していかなければなりません。近い将来を考え、事業を転換していくのも会社が生存する方法の一つです。

最後に**「負け犬」**は、市場の成長率が低く、自社商品のシェアも小さいため、早期撤退を画策した方がよい事業です。多くの企業が同じことを考えているので、一気に退散していき、自社のみになれば、「金のなる木」として安定した事業になります。大きな期待はできませんが、自社製品に自信があれば「粘る」というのも選択肢の一つです。

CHAPTER 2-05

市場を見極める

ビジネス・スクリーン

ビジネス・スクリーンでより正確に事業の状況を捉える

前項ではPPMを紹介しましたが、4つの分類より、もう少し細かい段階で判断するためにゼネラル・エレクトリック(GE)とマッキンゼーが共同開発した3×3のマトリクス「ビジネス・スクリーン」を紹介しましょう。**タテ軸は全社戦略であれば「自社の強み」、事業戦略であれば「商品の強み」「事業部の強み」などを入れます**。ヨコ軸は、市場や業界の魅力度を入れましょう。ともに「高い」位置に入れば、PPMでいう「花形」に入り、企業の大きな戦力になるでしょう。また逆に両軸とも「低い」位置に来るのであれば、PPMの「負け犬」と同様、撤退を視野に入れましょう。

ビジネス・スクリーンの長所は、「花形」か「問題児」かという二極化で判断することなく、市場においての優位性がよくも悪くもないという商品を、どのようにして「花形」に持っていくのかを冷静に判断できる点です。どうしても「問題児」や「負け犬」に入った事業を肯定的に捉えることは難しく、軽率な判断をしてしまうことがあります。

〈9領域で見る3×3マトリクス〉

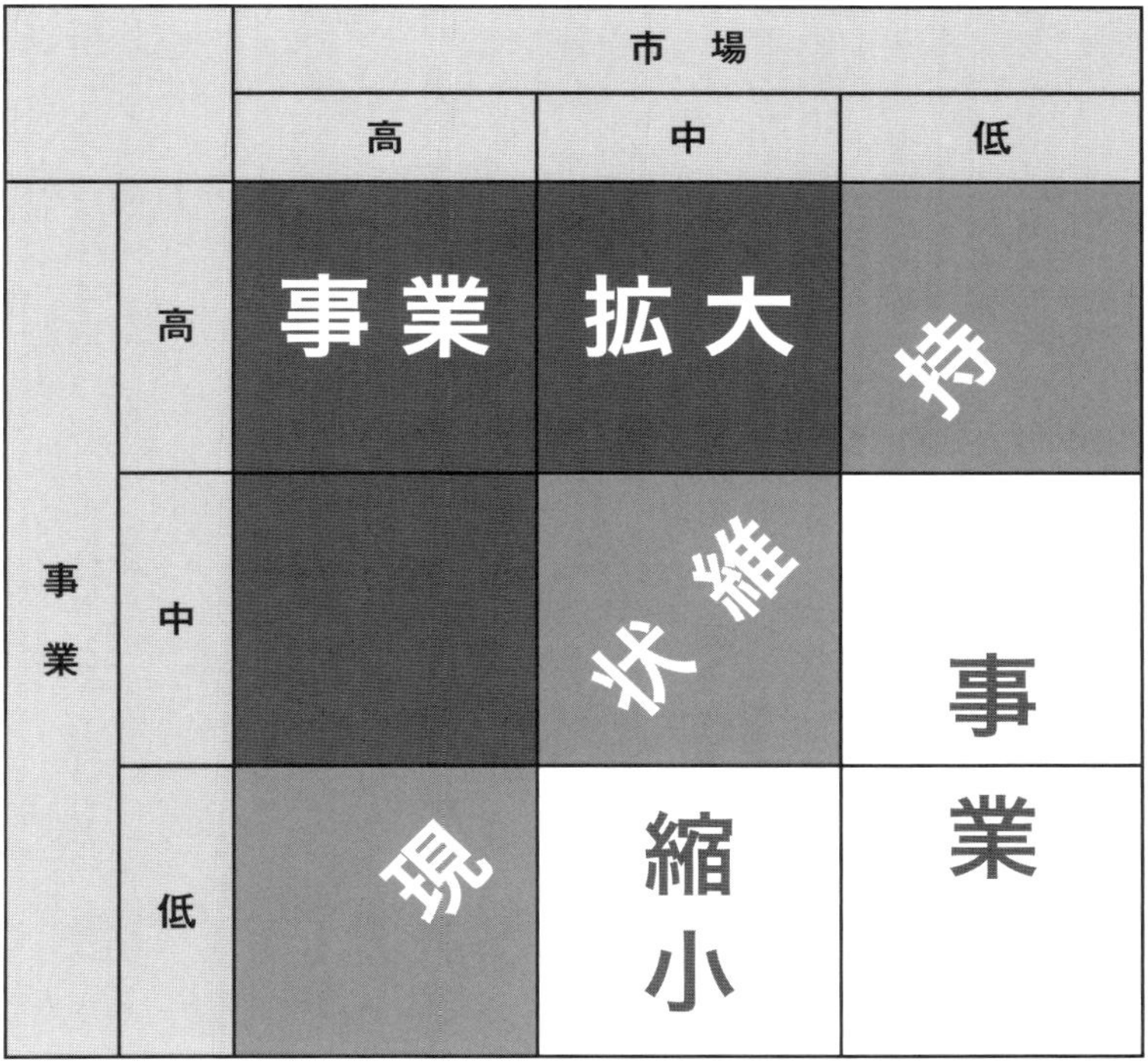

9つの領域で各事業を分類するビジネス・スクリーン。市場における事業の優位性が高ければ、稼ぎ頭として事業拡大を画策しよう。小さい市場、もしくは先細りの市場における売り上げの低い事業は、事業縮小、または即時撤退を検討する。そのどちらにも属さない事業に関しては、事業拡大を模索しながら現状維持をするのが好ましい

CHAPTER 2-06

倫理・道徳の観点から社会的評価をもらう

コンプライアンスとCSR

社会の信頼を得るコンプライアンス・マニュアルを作成・実行する

コンプライアンスとは、直訳すると「法令の遵守」という意味ですが、ビジネスにおいては、「企業として地域社会や消費者などへの貢献や倫理・道徳」という意味を指します。企業は消費者や社員があってのものです。だからこそ地域に根ざした活動をし、社会から愛されることが非常に重要なのです。どんな優れた商品を開発しても、消費者に嫌われ不買運動が起これば、瞬く間に倒れてしまいます。日本を代表する高級料亭の食品偽装が発覚、その謝罪会見での不手際で廃業に追い込まれた事件がありました。食品偽装自体、すでにコンプライアンスから逸脱していますが、致命的だったのは、会見により社会からの信頼がなくなったことでしょう。**企業が存続するには、事業戦略や機能別戦略などが重要ですが、コンプライアンスやCSR（企業の社会的責任）も軽んじてはいけません。**コンプライアンス・マニュアルを作成し、社内に周知させます。そこから人事評価に組み込んだり、チェック機能を設けたりし、実行させます。それが企業の社会的信用につながるのです。

〈コンプライアンスを定着させる方法〉

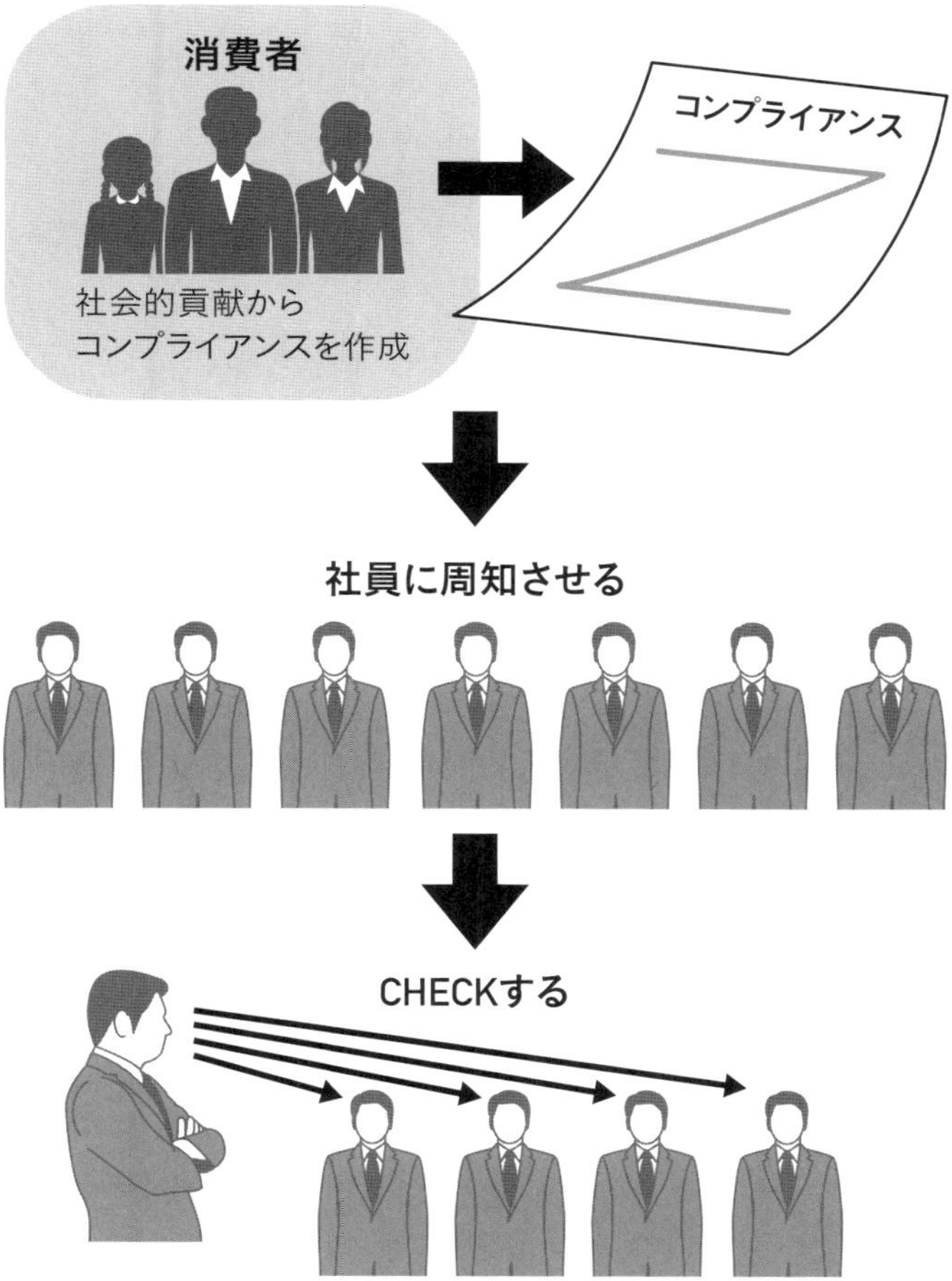

コーポレート・ガバナンスでステークホルダーの信頼を買う

コーポレート・ガバナンスとは、株主や取締役、従業員などのステークホルダーに利害関係のある会社が健全な運営をしているのかどうかをチェックする仕組みです。

株主は、自己資金を企業に投資しているため、その企業が不祥事を起こし株が暴落しないように監視する権限を持っています。しかし、いろいろな企業に投資する投資家が、自分自身で全ての企業を監視しなければならないというのであれば、容易に投資はできません。また少しでも気になることがある企業への投資は非常にリスクが高くなるでしょう。それで投資家が敬遠すれば、企業としても資金が集められません。だからコーポレート・ガバナンスのしっかりしている企業が出てくるのです。すると**企業組織の外に監査機関を置き、コーポレート・ガバナンスを充分に機能させた企業に投資が集まります**。もちろん経営状態がよく将来性があるなどの条件が揃っていなければなりませんが。

しかし、欠点もあります。不正を暴かれるだけではなく、適切な事業展開を求められるため、ステークホルダーの監視が強すぎるとリスクを持った大きな事業展開ができなくなる可能性があるのです。どんな事業にもリスクはあります。経営者は、そのリスクを抱え、事業を大きくしてきたのですが、その手法が使えなくなれば、利益を上げることすら難しくなるかもしれません。「いい塩梅《あんばい》」という言葉がありますが、何事もいきすぎず、しかし抑える点はしっかりと抑えるという監視システムが必要です。

CSRで社会的評価を上げる

CSR(Corporate Social Responsibility)とは、企業の事業活動によって社会に及ぼす影響への責任を指します。企業は、社会から利益を享受し存続しているので、その分社会に貢献しなければならないという精神が求められます。しかし、どれだけ社会に貢献すべきかは、各企業の自由です。

それでは、いくつか企業のCSRを紹介しましょう。トヨタの社会貢献は、1925年、帝国発明協会に100万円の寄付をしたことからはじまりました。

現在では、「一般財団法人トヨタ・モビリティ基金」を設立し、モビリティ社会の発展のために尽力しています。またトヨタ白川郷自然学校では、岐阜県白川村・環境NPOと連携し、環境教育プログラムを行っているのです。ソフトバンクでも、募金活動は当然のことながら、学校と協働して研究活動を行っています。また他企業でも、子育て支援や地域再生プログラムなど行政の仕事を率先して補完しているところがあります。さらには障害者や自閉症に悩む人たちを採用するという会社もあるのです。活動は多種多様ですが、さらに広まっていけば、企業、顧客、従業員とともに社会全体が幸せになることでしょう。

2010年にはISO26000としてCSRが規格化されました。そんな中、**投資家の目もCSRを充実させた企業に向いています**。社会貢献する企業は、社会的信頼を得るので、安定した経営を維持することができると判断しているのです。

資金調達は財務戦略の一つ

資金調達の種類

多様化する資金調達方法

資金集めも重要な仕事の一つです。どんなに並外れた発想力があり、優れた商品ができたとしても、販売するには、大量に生産する資金や営業などが必要になります。たとえ店舗を持たずネット上で販売するとしても、元手は必要です。事業が大きくなればなるほど、資金も必要となります。そのために資金調達の戦略を練ることも経営者としては大切な仕事です。**IPO（株式公開）をしている企業であれば、エクイティ（株式）調達ができますが、株式上場をしていない中小企業では、そう簡単にはいきません。そのためほとんどの企業が、銀行や公的金融機関などから借り入れを行うデット調達になる**でしょう。

また複数の金融機関が協力して資金を貸し出してくれるシンジケートローンや、銀行と会社が融資額や融資期間を設定しその範囲内ならいつでも借り入れができるというコミットメントラインもあります。最近では、インターネット上で、不特定多数から資金を集めるクラウドファンディングなどの新しいシステムも生まれました。

〈エクイティとデット〉

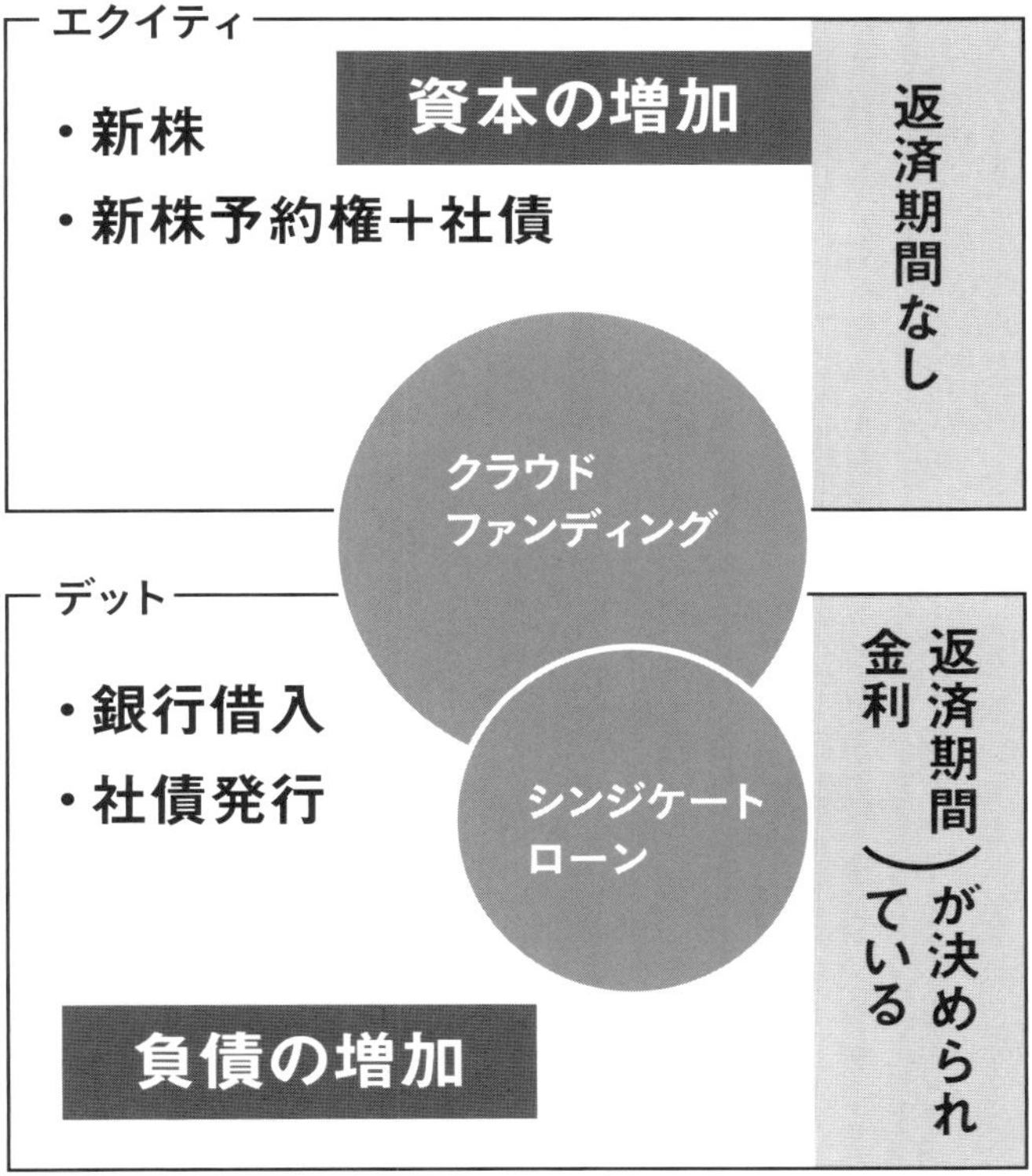
エクイティ
資本の増加
・新株
・新株予約権＋社債
返済期間なし
クラウドファンディング
デット
・銀行借入
・社債発行
シンジケートローン
負債の増加
（返済期間 金利）が決められている

資金調達のメリット、デメリット

エクイティ調達とは、新しい株を発行し、資金を集める方法です。増資による資金調達方法なので、負債ではありません。一方、デット調達とは、銀行や金融機関から資金を借り入れるため、借金になります。この違いは大きく、デット調達の場合は、債権保有者に金利や元金を返金しなければいけませんが、エクイティの場合は、それらの支払いが終わった後の利益を分配すればよいのです。これだけを聞くと、できることならばエクイティ調達で済ませたいところですが、大きな資金を集めるために、やたらめったら株を売っていると、大株主に経営権をとられてしまいます。

多くの企業は、この両方をうまく使いながら事業資金を集めているのです。本来健全な資金集めとは、自転車操業のように、借金を返すためのお金を借りるのではありません。勝算のある新しい事業に取り掛かるための資金や今の売り上げをもっと上げるために規模を拡大する資金なのです。このような資金は大きな売り上げを作るため、利子をつけて返済できます。すると銀行も喜ぶのです。

また大型な資金を集めるには、**シンジケートローンが有効です。シンジケートローンは、複数の金融機関が協同して資金を貸してくれるため、比較的大きな資金を調達することができます**。融資以外のメリットとしては、これまで付き合いのない銀行との関係が築けるという点があります。デメリットは、後述するコミットメントラインでも同じですが、借り入れのたびに契約書を作成し、契約手数料や事務手数料がかかるということです。シンジケートローンの一種にコミットメントラインがあります。一定の条件を満たせば、限度額と融資期間内でいつでも融資を受けることができるシステムです。

しかし起業して間もない会社やまだ実績のない会社にはなかなか資金を貸してはくれません。特に銀行などの金融機関は、融資の際、事業計画書以外に経営者やその会社の事業内容、実績、経験年数などを考慮するので、実績はないけどアイデアはあると熱弁を振るったところで、なかなか資金は貸してくれないでしょう。

新たな資金調達方法のクラウドファンディングが生まれました。**クラウドファンディングとは、融資型、投資型などがありますが、インターネット上で資金を集める方法**です。近年では、町おこしから自作映画製作資金などまで案件は多種多様で、メリットとしては、ルールはあるものの、銀行や金融機関から資金調達をする時のように、決算書や資金使途資料、損益計画書は必要がありません。しかし、一般の人や企業から資金を集めるため、インパクトのある企画や社会貢献できる企画に人気が集まる傾向があります。そうでない一見地味で堅実な企画ではなかなかネットユーザーを満足させることはできないでしょう。またネットで公開しているため、宣伝広告の役割も果たしますが、資金力のある企業にアイデアを盗まれる可能性も拭い切れません。それぞれメリット、デメリットがありますので、プロジェクトや自社のスタイルにあった方法を選びましょう。

CHAPTER 2-08

IPOで資金と信頼を得る

IPOのメリットとデメリット

IPOの仕組みとは

IPO（Initial Public Offering）とは、株式公開のことですが、これがなぜ、全社戦略になるのでしょうか。まず基本的なメリットは、周知のように、**株式を公開することで、誰でも株を買うことができるので資金集めによい**ということです。これまでは金融機関のみでしか融資を受けられなかったという企業も、今度は一般投資家から資金を調達することができます。もちろん、上場しても知名度がなければ、そうやすやすとはいきませんが、少なくとも資金集めのツールが増えたことには間違いありません。

もう一つのメリットは、**IPOすることで知名度、会社の信用が向上する**ことです。IPOを実現するには、かなり厳しい基準をクリアしなければなりません。だからこそIPOしている企業には社会的信用がつくのです。さらに信用が高まると、優秀な人材が集まってきます。無名の企業と知名度、社会的信頼のある企業では、どちらに就職したいと思うでしょうか。IPOという戦略で社会的信用と優秀な社員、そして資金を得ましょう。

〈IPOのメリット〉

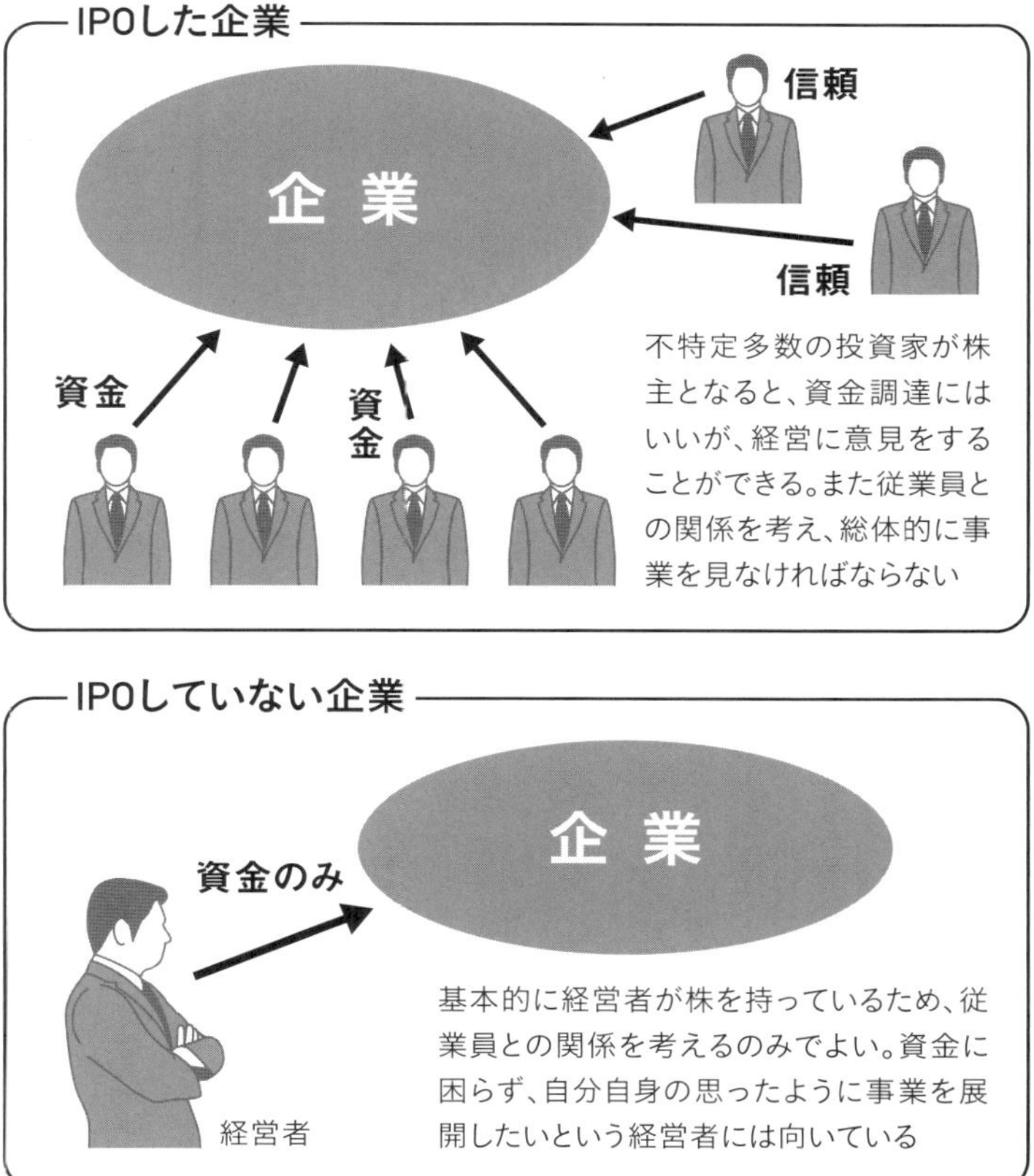
IPOした企業
企業
信頼
信頼
資金
資金
不特定多数の投資家が株主となると、資金調達にはいいが、経営に意見をすることができる。また従業員との関係を考え、総体的に事業を見なければならない
IPOしていない企業
企業
資金のみ
経営者
基本的に経営者が株を持っているため、従業員との関係を考えるのみでよい。資金に困らず、自分自身の思ったように事業を展開したいという経営者には向いている

必ずしもIPOをすることが良いわけではない。メリット、デメリットを考え、総括的な判断が必要である

IPOをすることで経営権を失うデメリットもある

ＩＰＯは当然のことながら、メリットだけではありません。投資家の資金が投入されるということは、投資家の会社でもあるということです。株主の意見にも耳を傾けなければいけません。株式を51％以上持っていれば、会社の経営権は維持できますが、ワンマン個人経営企業のようなことをしてしまえば、会社の価値は一気に下がってしまいます。また会社の経営権を巡って、経営陣が分裂し、互いに株主を味方につけるという骨肉の争いに発展することもあります。さらに敵対的ＴＯＢで会社を乗っ取ろうとする者も現れるかもしれません。ＴＯＢとは、株式公開買い付けのことで、証券取引所を介さず、直接株を買い集める方法です。この際、買い付ける株数と価格、期間を公言しなければなりません。以前、ライブドアがフジテレビの経営権を得ようとＴＯＢを仕掛け、話題になりました。ＩＰＯするということは、このようなリスクもあるということを覚えておきましょう。

またディスクロージャーといわれる、会社の情報を株主に公開する義務が出てきます。事業拡張することなく、資金を集める必要もないので、ＩＰＯをしないという企業もあります。これも一つの戦略。エクイティ調達はできませんが、自分の思いどおりに会社を運営できます。**ＩＰＯは、企業の知名度を上げ、社会的信頼をつかみ、大きく成長させる一つの戦略でもあると同時に、経営権を失う大きなリスクもある**ということです。会社のミッションやビジョンを考慮した上で、どちらがよいのかを選択しましょう。

〈IPOのデメリット〉

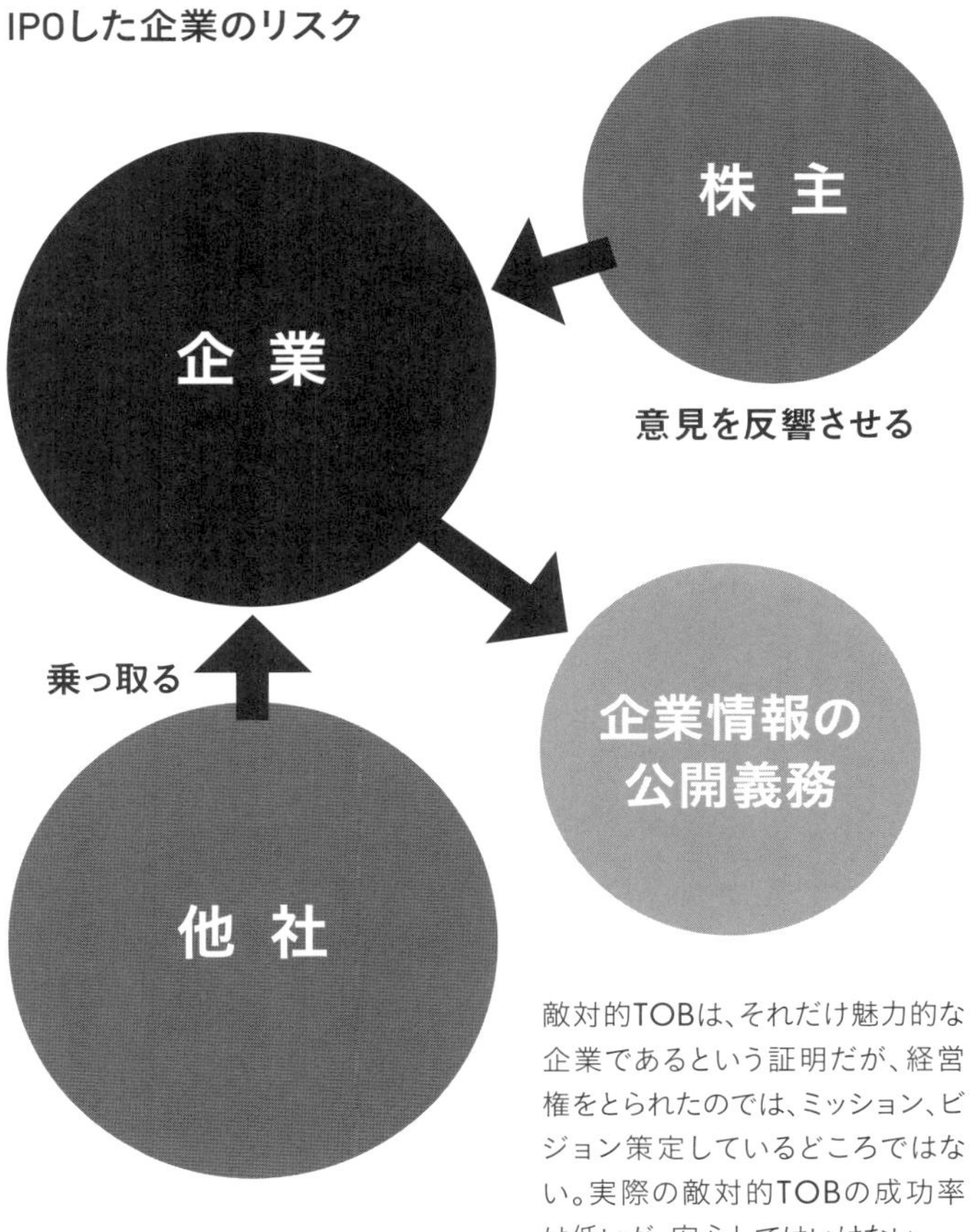

敵対的TOBは、それだけ魅力的な企業であるという証明だが、経営権をとられたのでは、ミッション、ビジョン策定しているどころではない。実際の敵対的TOBの成功率は低いが、安心してはいけない

ドメインとコア・コンピタンスの関係を確認しよう

全社戦略は、戦略の中でも最も重要な位置づけになります。もちろん、全社戦略だけでは、戦うことはできません。事業戦略を策定し、その先のマーケティング戦略や組織戦略を作っていかなければならないのですが、その根幹となる全社戦略を間違えてしまうと会社全体の進むべき道を間違えてしまうのです。

そのため全社戦略を立てる前に、ドメインとコア・コンピタンスが正確に設定されているかどうかを確認しましょう。ドメインとコア・コンピタンスの関係は非常に重要です。コア・コンピタンスと事業ドメインが合っていなければ、宝の持ち腐れになってしまいます。他社に負けない自社の強みを生かした事業領域を設定しなければならないのです。

例えば、ホンダのようにどこにも負けないエンジン開発技術があったとします。まさにこの技術がコア・コンピタンスなのですが、ドメインを販売卸としていては、全く能力が発揮できないまま終わってしまいます。エンジン製造販売、さらには機器メーカーとして設定すべきなのです。このようなミスはなかなかありませんが、ドメイン設定がコア・コンピタンスとずれているケースも少なくありません。コア・コンピタンスの本質をさぐり、そこからドメインを設定するとよいでしょう。またコア・コンピタンスもその価値が変化していくので、その都度、ドメインを確認し、無駄のない事業展開を目指すことが、全社戦略の大きな役割です。

CHAPTER 3

優れた事業戦略が売り上げを伸ばす

CHAPTER 3-01

事業戦略とは

成長マトリクスやSWOT分析

事業戦略の前に目的・目標を明確化する

事業戦略を作る前に、その事業の目的、また目標を事業部内に周知させなければなりません。なぜなら目的・目標がなければ、戦略は必要ないからです。

特に**事業戦略の場合は、3年~5年といった中長期のスパンで考えることが大切**です。あまりに短期すぎる戦略は、ただの戦術と変わりませんし、10年、20年などの長期スパンであれば、全社戦略と混同してしまうかもしれないからです。経済市場がこれほど目まぐるしく変化する中では、あまりに長期の戦略は実質的なものにはならないでしょう。

事業戦略を作るには、まず事業ドメイン(詳しくは48ページ)を明確にします。事業ドメインで事業の範囲を決めましょう。それから「いつまでに、何を達成するのか?」という問いから具体的な数値を出します。例えば「3年後には、今の売上を500%にする」という目的を作ったとします。すると1年後、2年後にどうあるべきかが見えてきます。まずは目的とその**目的を達成する期間を決めましょう。**

〈事業戦略を策定するプロセス〉

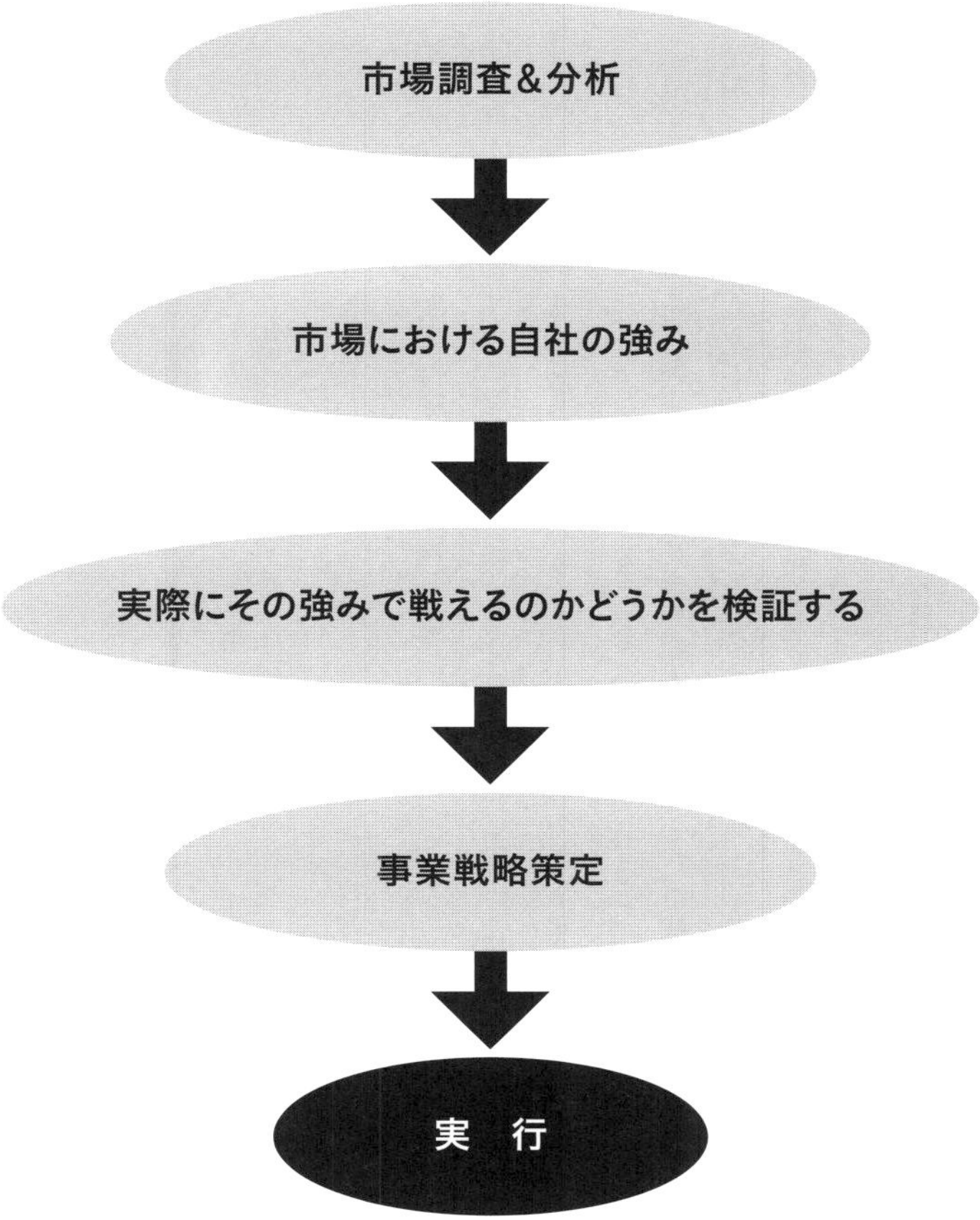

事業戦略策定のプロセス

目的とその目的を達成する期間が決まったら、次に現状分析をします。新規参入の市場であれば、その規模や将来性など、様々なデータをもとに一から入念にリサーチしましょう。これまでの市場と同じであれば、その商品の競合の動向などを中心に調べます。

この際に、先述したアンゾフの成長マトリクスやＳＷＯＴ分析など多種多様なフレームワークを使ってみましょう。ＳＷＯＴ分析では、自社の商品と他社の商品を次の４つの視点で比べます。

「強み（Strength）」「弱み（Weakness）」「機会（Opportunity）」「脅威（Threat）」

「強み」「弱み」とは、「他社と比べて、自社の商品の強みは何か？　弱みは何か？」「機会」は「市場にはどのようなチャンスがあるのか？」脅威は「市場にはどのような脅威があるのか？」というこの４つの問いに答えていくことで、自社の商品の長所、短所、また具体的にどのような戦略で戦うべきかがわかってきます。このようにして、自社の現状がわかれば、決めた期間に目標を達成させるための戦略を考えましょう。

ここでより実質的な事業戦略を作るために、「フィージビリティスタディ」というタスクを入れます。これは、目標が絵に描いた餅にならないように、技術力や資金力などを細かくチェックし、その戦略と照らし合わせるというものです。

例えば、市場を調査し、売れるだろうという商品がわかります。自社にはその技術があるので、すぐに生産し、市場に投入、3年後には、今の市場の30％を確保するための事業戦略を立てます。全てにおいて順調に見えますが、新商品開発のためにどれくらいの資金がかかり、それがどれくらいの期間を要するのかを明確にしていなければ、開発費に資金を投入しすぎて、他の事業が疲弊し、会社として立ちゆかなくなることもあります。発想と技術、そして今の市場だけに目をとられていたのでは、足元から崩れるかもしれません。そうならないためにも**フィージビリティスタディで実現可能かどうか確かめてみましょう**。ここまで確認できれば、事業戦略を決定します。

事業を進めるための戦略ができたら、それを実行するための組織を作ります。事業を推進するための組織を作ることも立派な戦略の一つです。素晴らしい計画はあっても、それを実行できる組織がなければ、成功することはないでしょう。この体制を作ることが一番重要かもしれません。チームリーダーにしっかりと責任と権限を渡し、たとえ問題が発生したとしても、責任の所在を明らかにして問題点を修正できる体制を築きましょう。中長期スパンで計画を立てた時、全てが思ったように進むものではありません。問題が発生した時に、修正を行いながら目標実現へと向かっていくのです。ですから、多少の問題は発生するだろうと予測した中で事業戦略を考えなければなりません。それは失敗を予想するのではなく、危機感を持って失敗しないために問題を解決できる組織作りを考えるということです。

CHAPTER 3-02

戦略立案の基本、3C分析

3C分析から戦略を考える

3C分析で見える自社の強み

ビジネス戦略を練る時に、市場と自社の関係などを知る上で基本的な方法が、この3C分析です。3Cとは、市場や顧客を指すCustomer、競合他社を指すCompetitor、自社のCompanyの頭文字をとったもので、市場における自社の現状を把握しながら、成功へと導く方法なのです。現在も多くの企業で広く使われています。

市場の状況がわからなければ、投入する商品もサービスも顧客に受け入れられるかどうかがわかりません。また競合他社が何を求め、どんな戦略を考えているのかにも意識を向けましょう。競合他社も市場調査から、様々な情報を得て戦略を練っているのですから、そこを軽視する理由はありません。それらの情報と自社の能力を考えてみるのです。そのためには、自社の分析は必要不可欠です。**「市場において何ができるのか?」「競合とどのように戦うことができるのか」を知るためには、今ある自社の能力を見つめなければならない**のです。事業戦略は、これらをバランスよく分析した真ん中にあるはずです。

〈3C分析から戦略を考える〉

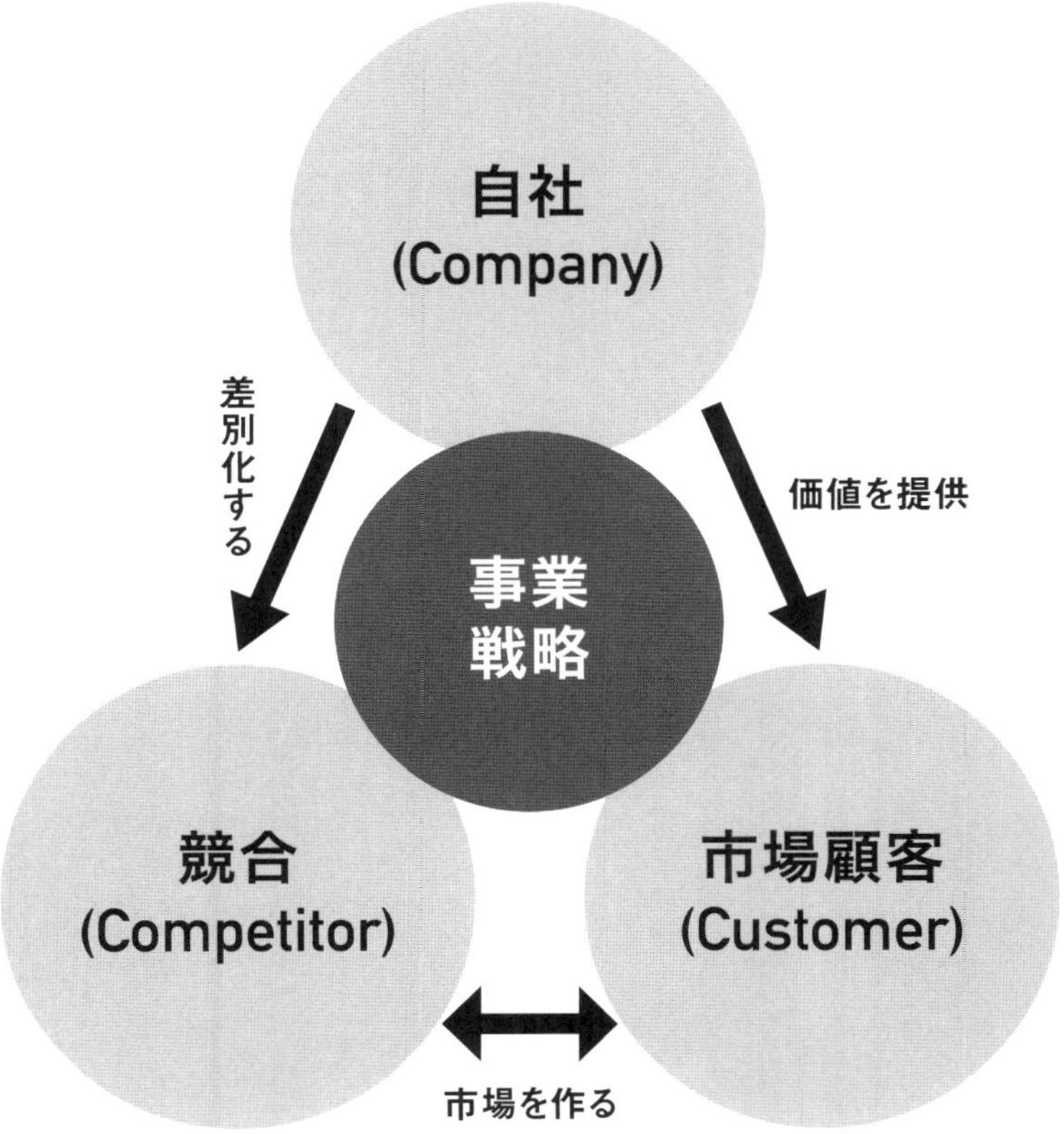

3C分析による仮説の作成と検証

まずは、**市場調査**からはじめましょう。市場を知らなければ、対策をとることはできません。この時、大きな経済の流れやトレンドを調査しながらも、業界の技術革新やコストの状況など細かな情報もしっかりとつかみましょう。大雑把な情報だけではダメですが、目先の情報のみに意識を向けてもよくありません。バランスの良い情報収集を心がけましょう。市場を分析するには、フレームワークを使用することをお勧めします。マクロの視点で市場を見る時は、ＰＥＳＴ分析がよく使用されます。ＰＥＳＴとは、Politics（政治）、Economy（経済）、Society（社会）、Technology（技術）の頭文字をとったものです。これらの視点から市場を見るとより詳しくわかるでしょう。また次項に出てくる「ファイブフォース」も市場調査には非常に有効です。

市場分析を行いながら、**競合他社の分析**も忘れてはいけません。既存の商品を展開している競合他社はすでに多くの情報を知識に変えて蓄えていることでしょう。もちろん社外秘情報を入手することはできないでしょうが、客観視した情報でも、非常に重要です。例えば、競合他社が出している類似商品の中で、「なぜ、あの商品が一番売れているのか？」を考えるだけでも大きなメリットがあります。また宣伝広告の打ち方やマーケティング戦略の観点で見ると自社で試行錯誤する手間が省けるでしょう。さらに競合他社の分析では、成功例だけに注目するのはもったいないことです。撤退した会社があるならばその理由を、発売停止になった商品があるならその訳を分析してみましょう。**失敗の情報が、成功するために必要な一番の糧になる**のです。

市場、競合他社の分析ができれば、今度は自社の分析です。まずは、コア・コンピタンスやケイパビリティを探してみます。自分たちの武器を知ることが、戦う上で一番大切な情報になります。自社が持っている「製品開発能力」「製造システム」「流通ルート」「物流」「営業力」「組織体制」などの能力を考えてみます。この際もSWOT分析やマーケティングミックス(P140参照)などのフレームワークを使用してみましょう。とにもかくにも、自社でできること、できないこと、また強み、弱みを把握しないことには、市場に乗り込むことはできません。無理やり参入すると、目隠しをしながら猛者たちと戦う羽目になってしまいます。「市場・顧客」「競合他社」「自社」を十分にリサーチ、分析しましょう。

また3C分析だけではなく、「状況」(Context)をプラスした4C分析というものもあります。「状況」とは、市場や顧客のものではなく、現在の政治であったり、法律や社会のトレンドなどを指します。PEST分析と似ていますが、国民意識が変わることで市場は変わってきますし、外圧によって政府の方針が変われば、それにも市場は敏感に反応します。業界の状況のみに注目していたのでは、大きな失敗をするかもしれません。

ミクロとマクロ両方の視点からものを見て、あらゆる可能性を考慮しながらビジネス戦略を策定しましょう。

CHAPTER 3-03

「5つの競争要因」で戦略を作る

ファイブフォース

マイケル・ポーターのファイブフォースという考え方

マイケル・ポーターは「業界とは利益を奪い合う場所」だといいます。またそこには**「顧客の交渉力」「新規参入の脅威」「供給業者の交渉力」「代替品の脅威」「直接的な競争業者」の5つの競争する力がある**と提唱しています。それが「ファイブフォース」です。

新しい市場ができれば、雨後の筍のように、次から次へと企業が参入してきます。その新規参入企業は、既存企業からしたら大きな敵対勢力となります。今までのやり方では、限られた顧客をとられてしまうからです。また見方によっては、多くの要求をつきつけてくる顧客も大きな障害ですし、交渉力を持った供給業者もやっかいな存在になってしまいます。さらには、費用対効果に優れた代替品も業界の市場を奪っていくのです。いうまでもなく直接的な競合他社もライバルですが、他にこれらの4つの力が市場に働き、その競争原理の中、勝つ企業、負ける企業が生まれるのです。

事業戦略は、これらの5つの要因から自社の商品を守り成長を促すための戦略なのです。

〈「5つの競争要因」のしくみ〉

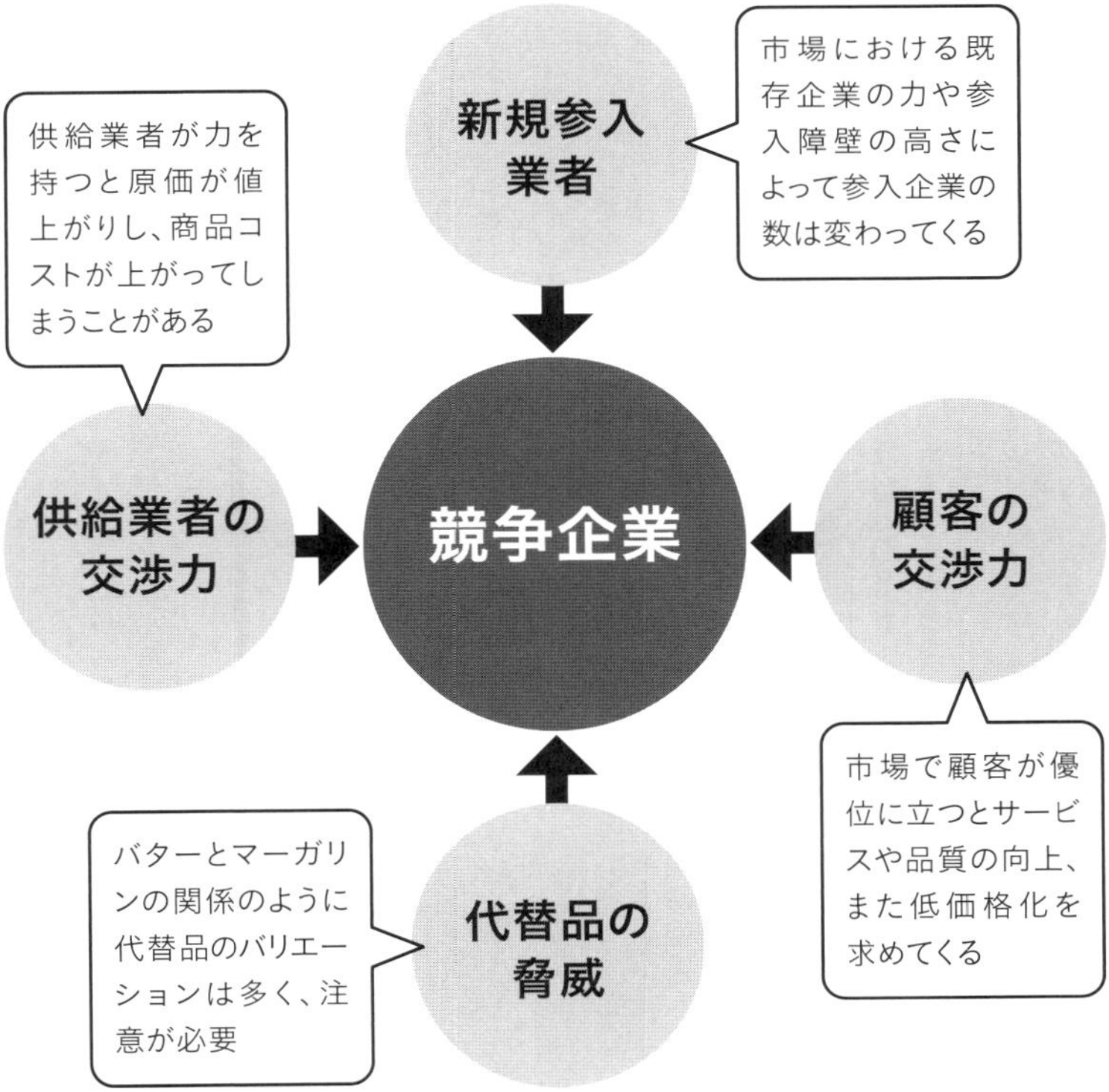

新規参入企業と供給企業は市場においてのライバルになりうる

新規参入企業の数は、業界の参入障壁の高さに関係します。参入する時の規定や基準が低ければ低いほど、どの企業でも市場に入ることが簡単にできるということです。さらに既存の企業のサービスがよくなかったり、顧客をしっかりつかんでいなかったりした場合、すぐに新規参入企業に取って代わられるかもしれません。

新規参入しにくい業種としては、技術や生産コストが非常に優れているもの、例えば100円均一の業界には、なかなか参入できないでしょう。流通も含めて100円というコストの中で生産、人件費、店舗などの固定費を捻出することは、非常に難しいと思います。またそれを実現する工場や流通経路を持っていなければできません。ただ単に工場を持っていればできるというものではないのです。すでに最高の技術や、最高品質の商品を販売できる企業が存在する業界、さらにはブランド・エクイティの高い企業がシェアを占めている業種には参入が困難になります。新規参入企業がブランド力のある企業と同じように戦うには、宣伝広告費や顧客サービスなどに大きな資金を投入しなければなりません。ブランド力とは老舗力でもあり、一朝一夕には知名度を上げることはできず、それを上回る独自の戦略をとらないと勝てないでしょう。

「顧客のスイッチング・コスト」が高い業界でも新規企業の参入は難しいのです。例えば、賃貸マンションなどは、住み替えしようと思えば、引っ越し代や敷金礼金など大きな費用がかかります。また携帯電話や通信機器などの契約に、2年間は解約すると違約金が発生するケースがあります。さらに2年ごとに契約が更新され、その更新月以外では違約金が発生するという囲い込みも行われているのです。このような業界の場合、相手も同じような戦略をとるのですが、新たな顧客の確保に非常に苦戦するのが現状です。

またその業界への参入に多額の設備費や在庫コストなどの資金がかかる場合、参入できる企業は限られます。少なくとも資金がなければ参入できないのですから。

政府や行政が業界への規制を強めたり、許認可制にしたりする事業は非常に参入が困難です。

これらの市場になんとか参入できたとしても、供給企業の力が強いとコストやサービスに影響が出て、収益が出せないことがあります。例えば、パソコンや携帯電話などのOSを開発する市場においてはほぼ独占のため、それを搭載する商品を製造する企業は、強気の交渉はできません。OS開発企業が優位になり、その交渉条件が業界の市場を作ります。さらなる脅威は、供給企業が販売市場に参入してくることです。製造業者を買収し、市場に入ってくることもあります。またその供給業者しか提供できない差別化された製品を持っている業者との交渉は、相手に分があるでしょう。「代替の効かない商品を供給する企業」や「供給企業のスイッチング・コストが高い」などの原因も、市場で戦う上では一つの障害になります。市場にいる敵は、既存の競合他社だけではないということです。

競合他社、代替品、顧客

顧客は、一見、自社の味方のように思えますが、実は、商品に関しては一番厳しい要求をしてくるのです。クレーマーという言葉があるように、大きな障害になることがあります。それを商品開発のアドバイスと受けとるのは企業として正しい姿勢ですが、値引きやサービスなど多くの点で企業を苦しめる力だと言えます。

その市場に参入している企業が多い割に顧客が少ないという場合、顧客が優位に交渉を進めることができます。顧客から見てスイッチング・コストが低い場合や、製品の特色が薄く差別化しにくい場合も顧客有利です。さらには生産コストがわかりやすく、顧客が把握しているケースでは、値下げ交渉をしてくるでしょう。また「爆買い」と呼ばれるように顧客が大量の商品を購入する場合も、交渉は顧客が有利になります。

代替商品の脅威とは、音楽業界がレコードからＣＤ、ＣＤからＭＰ３といった変遷を見せたように、レコードにとっての代替商品はＣＤであり、ＣＤにとってはＭＰ３が代替商品になります。また店舗を持ったレンタルビデオショップは、店舗を持たないオンデマンドサービスに顧客をとられています。これは同様のコンテンツですが、提供の仕方が異なり、顧客が便利な方を選択した結果なのです。それだけではなく、例えば雑誌の売り上げが悪いのは、競合他社のものにとって代わられているだけではなく、携帯のゲームが原因かもしれません。これまで休憩時間に雑誌を見て過ごしていたのですが、そのコンテンツが携帯のゲームに代わったのです。これも代替商品と言えるのです。

近年、様々な技術が発達し、ツールも増えてきました。だからこそ機能的に自社商品にとって代わるという視点だけではなく、その商品の役割をしっかりと把握し、代替になるものは何なのかを考えましょう。

一番わかりやすい敵対勢力は、ライバル企業でしょう。市場調査でしっかりとライバルのデータを集めてから、事業戦略を策定していると思いますが、互いにクオリティでは譲らず価格競争になればデフレを起こし自社にとって大変な脅威になるのです。デフレの起こりやすい状況とは、同じような力のライバル企業が多く、商品の差別化がしにくい業界です。しかし業界を統率している企業があると、自ら疲弊するデフレ競争には持っていくことはないでしょう。また製品の陳腐化が激しい業種は、売れなくなる前に割引商戦に持っていくしかありません。多額な設備投資をした場合、たとえ事業がうまくいかなくても簡単には撤退しないでしょう。少しでも投入した資金を回収したいと考え、バナナの叩き売り状態で商品を販売することもあります。それによって市場が荒れるケースは少なくありません。このように、市場におけるライバルは新規参入企業や供給業者だけではなく、買い手である顧客の交渉力、また代替商品の登場、既存の競合他社があるのです。

この5つの力を考えて、「自社の商品は、この市場においてどのように戦うのか、また戦えるのか」を見つけましょう。

CHAPTER 3-04

3つの基本戦略

コストリーダーシップ・差別化・集中戦略

コストリーダーシップ戦略、差別化戦略、集中戦略とは?

コストリーダーシップ戦略とは、文字通り、**価格競争において優位に立つ**ということです。競合と同じような商品でも、より低コストを実現すれば、市場を席巻することもできるでしょう。次に差別化戦略です。差別化とは**他社の商品と明らかに違う、独自性を出す**ことです。商品だけではなく、技術や販売方法、消費者へのサービス、マーケティング戦略、ブランド力など様々な分野で差別化できれば、より効果があります。この場合、コストを落とすことなく、競合他社と戦うことができるでしょう。

集中戦略とは、**対象者を絞ったり、販売地域を限ったりと、市場をセグメント化し、それぞれのカテゴリーで勝負する**ための方法です。各セグメントで集中的に事業を展開させる戦略なのです。また集中戦略では、差別化集中とコストリーダーシップ集中の2つがあります。差別化戦略とコストリーダーシップ戦略は両立できないといわれていましたが、集中戦略と組み合わせることで実現可能になるとマイケル・ポーターは提言しています。

〈3つの戦略〉

戦略の有利性

戦略ターゲット

コストリーダーシップ戦略	差別化戦略
価格競争において市場で優位に立つということ。競合他社との類似商品でも、より低コストを実現すれば、競争に勝てる	商品や技術、販売方法、マーケティング戦略などで独自性を出し、競合他社と差別化することで市場を狙う戦略

集中戦略

ターゲットを絞ったり、販売地域を限ったりしながら、市場を占める戦略。集中戦略と組み合わせることで、差別化戦略とコストリーダーシップ戦略を両立させることができる

（コスト集中）　（差別化集中）

競合他社より低価格で商品を販売できれば、市場において優位になる。それと同様に他にはない商品を開発することも戦略の一つだ。さらにこの二つを合わせ、競争力を増せば、市場をしっかりとつかむことができるだろう

戦略の組み合わせで、優れた戦略を作る

競合他社より低コストで商品を提供し、その市場を席巻するのがコストリーダーシップ戦略です。この戦略の特徴は、**ただ安い商品を叩き売るのではなく、その中できちんとした利益を出すシステムを構築している**という点です。コストダウンには、企業規模によっての戦略があります。大手企業であれば、大量生産による製造コストのカットや合理性を考えた流通チャネルの確立で商品のコストを低く抑えます。一方、中小企業では、大企業のように大量の生産をしてしまえば、在庫を抱えることになってしまいます。ですから店舗などの固定費を抑え、商品の製造コストに回します。最近では店舗を持たず、ネット販売のみで人件費や固定費を抑えることも可能です。注意しなければならない点は、コストカットが激化し、価格競争になってしまうと企業、市場ともに劣化してしまうことです。

差別化戦略では、**顧客の絞り込みや技術、ブランドイメージなどを活用し、他との差別化を図ります**。差別化戦略の代表的な企業としてモスフードサービスが挙げられます。モスフードサービスは、全国にモスバーガーを展開する企業で、他のファストフードが価格競争に入る中、ハイクオリティを維持するという戦略で人気を博しています。この場合、商品のクオリティもさることながら、サービスも重要になります。注文を受けてから作り出すというモスフードのサービスは、すぐに買うことができるファストフードという常識を壊しています。ここにも他社との差別化を図っているのです。

集中戦略とは、**特定のセグメントに絞り、商品や地域などに集中させて戦う戦略**です。しっかりと市場分析をしたならば、躊躇することなく「選択と集中」することが大切です。また集中させるための視点も様々で、商品集中戦略や地域集中戦略、品質集中戦略など多様で、コスト集中戦略で代表的なのが、ファッションセンターしまむらです。しまむらは、低価格な衣料品を20代から50代の主婦層をターゲットに展開しています。また洋服雑貨やシューズなどに特化した専門店も展開して、それぞれの市場で低コスト商品を武器にしているのです。

コストリーダーシップと差別化の複合的な戦略として有名なのがユニクロ。この企業は、商品の企画、生産、物流、販売までを一貫して行うSPA（製造小売業）システムで、他とは差別化した商品開発をしています。またブランドイメージの転換を図り、当初の安い商品というイメージだけはなく、安くて高品質というイメージも広まってきています。このように、「コストリーダーシップ戦略」「差別化戦略」「集中戦略」はそれぞれの戦略を個別に選択するだけではなく、組み合わせによって、より優れた戦略を作ることができるのです。

ただし、**アバウトなポジションをとってしまうと、どの戦略においても中途半端になり、失敗してしまいます**。はじめに、自社の強みや市場を把握した上で、どの分野で勝負するのかを明確にしておくことが大切です。その上で組み合わせることができ、シナジーが生まれるようであれば、戦略として用いましょう。

ポジショニングから戦略の方向性を見いだす

コトラーの4つの分類の特色

コトラーの4つの分類とは

フィリップ・コトラーの競争地位戦略の分類とは、各市場における企業を「リーダー」「チャレンジャー」「ニッチャー」「フォロワー」の4つに分けたものです。

リーダーは、その業界において、最大のマーケットシェアを持つ企業。自動車業界でいうとトヨタです。チャレンジャーとは、その業界の二番手、三番手に位置した企業です。常にリーダーにチャレンジできる状況にあり、戦略次第ではポジションが変わることもあるのです。ニッチャーは、その業界においてニッチなシェアを獲得している企業です。リーダーが狙うような大きな市場ではないのですが、しっかりとした市場になっています。フォロワーは、チャレンジャーまでいきませんが、リーダーを模倣して生き延びている企業です。

コトラーは、**それぞれの企業に合った戦略を提示しています**。あくまで戦略理論であり、結果はそれぞれが発想力や独自性を武器にすることによって決まります。

〈コトラーの4つの分類〉

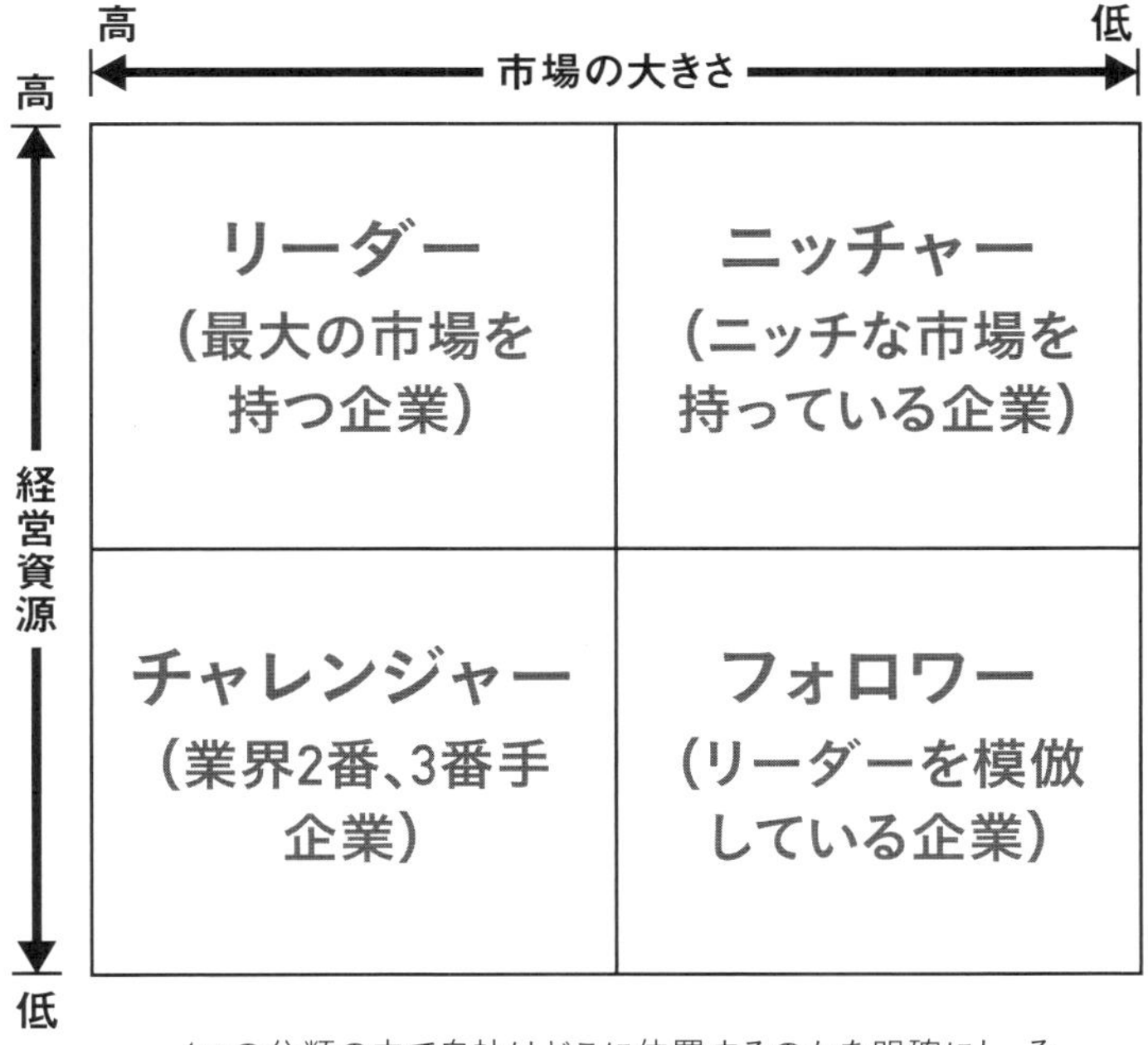

4つの分類の中で自社はどこに位置するのかを明確にし、そのポジションにあった戦略を作ろう。リーダーに位置するからといってあぐらをかいていては、すぐにチャレンジャーに地位を取られるかもしれない

4分類の特色と競争市場での戦い方

4分類のうち、業界のトップであるリーダーはどのような戦略をとるべきなのでしょうか。市場を牛耳っているリーダーは、追随してくる企業に気をとられていても、なかなか売り上げを上げることはできません。それはすでに市場における大半を占めているからです。ですから市場を広げるという戦略が有効です。**今ある市場を広げていけば、そのまま自社のシェアが広がる**でしょう。インターネット事業であれば、国内外における利用者を増やしていくことで、知名度の高いリーダーの売り上げが上がるのです。

また**チャレンジャーやニッチャーがリーダーとの差別化戦略に出た場合、それを模倣し、同質化していく戦略も有効**です。市場に占める割合を少しでも増やすために二番手、三番手の企業が新しい戦略に出たとしても、それを自社に取り入れることで、差別化できず、資金力と人気度で勝るリーダーに顧客が流れるという傾向があります。

一方、リーダーに多少後れをとるチャレンジャーはどうでしょうか。それなりの位置にいるのですが、なかなかリーダーに打ち勝つことができない。そんな時は、**これまで戦っていたステージから新たなステージへ転換する**ことです。その良い例がキリンビールに打ち勝ったアサヒビールです。

以前のビール業界は、キリンビールが圧倒的なシェアを占めていました。それまでビールは同じような製法で、差別化はなかなかできなかったのですが、「スーパードライ」は製法を変え、味自体を差別化したのです。これが功を奏し、キリンビールからリーダーポジションを奪いました。リーダーの真似をすることなく、独自の強みを生かし、自分の得意な場所で勝負することが重要です。

ニッチャーがとるべき戦略は、集中戦略がよいでしょう。しかしただ単に集中戦略をとっても、魅力的な市場が開ければ、リーダーやチャレンジャーが流れ込んできます。そこで**求められる戦略は、参入障壁を築くこと**です。ニッチャーとして成功している企業、スズキは、小型自動車に特化して、リーダーやチャレンジャーが参入してきても負けない強さを持っています。近年では新興国にも輸出して海外での小型自動車の市場をしっかりとつかんでいます。この際、アフターサービスを充実させることで、顧客との関係を強くします。これが大きな参入の障壁になるのです。

最後にフォロワー。以前はリーダーやチャレンジャーを模倣することで、小さなシェアを獲得できたのですが、成熟した市場では、それも難しくなっています。**近年では、ただの模倣では生き残っていけません**。独自性を持ちニッチャーになるのか、リーダーやチャレンジャーと提携し生き残るかの選択に迫られるでしょう。

このようにそれぞれのポジションで戦う戦略はありますが、あくまで競争社会です。戦いに敗れれば、リーダーもチャレンジャーになり、勝つことができれば、ニッチャーもチャレンジャー、もしくはリーダーになることも夢ではありません。

CHAPTER 3-06

それぞれの戦い方はランチェスター戦略にある

強者の戦い方と弱者の戦い方

ランチェスター戦略とは？

代表的な経営戦略の一つにランチェスター戦略があります。日本のマーケティングコンサルタントの田岡信夫氏がランチェスターの法則をビジネスの世界に持ち込んで戦略にした創始者とされています。ランチェスター戦略とは、戦力を持った者と持っていない者の戦略です。例えば、資金力も人材も豊富で、その業界においても大きなシェアを持った企業と零細企業とでは、同じ戦略で戦えるはずがありません。それぞれの戦い方を、それぞれの視点から作り出したものがこの戦略です。ですから**あくまで強者のためだけの戦略でも、弱者のためだけのものでもありません**。ただ国内には圧倒的に中小企業が多いため、ランチェスター戦略は、弱者が強者に勝つための戦略として使われることがほとんどです。

さらに先述したコトラーの競争地位戦略の分類とも類似していて、リーダーが強者であり、チャレンジャー、ニッチャーが弱者の戦略をとるのです。それぞれを合わせて考えてみるとより実質的な戦略が作れると思います。

〈ランチェスター戦略〉

――強者の5つの戦略――

- ●総合主義
- ●広域戦
- ●遠隔戦
- ●確率戦
- ●誘導戦

強者の戦略は、圧倒的有利な経営資産や知名度を生かした「総合主義」、広い範囲で戦う「広域戦」、広告宣伝を全国的に打つ「遠隔戦」、フルラインナップを揃えて顧客を独占する「確率戦」、差別化戦略を使わせないようにする「誘導戦」だ

――弱者の5つの戦略――

- ●一点集中主義
- ●局地戦
- ●接近戦
- ●一騎打ち戦
- ●陽動作戦

弱者の戦略は、持っている能力を一点に集中させる「一点集中主義」、顧客層をしっかり絞り込む「局地戦」。顧客とのつながりを深める「接近戦」、各地域で一社独占市場を目指す「一騎打ち戦」、狙いを気づかれないように事業展開する「陽動作戦」がある

大企業の戦い方と中小企業の戦い方

強者がとるべき戦略とは、第一に「**総合主義**」で、圧倒的有利な経営資産や知名度、マンパワーを十分に活用し、総合力で戦う方法。まさに王道の戦略です。

第二に、地域を限定せず、広い範囲で戦う「**広域戦**」があります。これは全国の主要都市での展開はもちろん、地域をセグメント化せず、企業の力で攻める方法です。

次に「**遠隔戦**」。ＣＭなどの広告宣伝を全国的に打ち、中小企業が顧客に接する間もなく市場を占有する戦法です。また「**確率戦**」では、店舗や代理店を全国に増やし顧客へのサービスを充実させ、弱者が入れないようにしたり、フルラインナップの商品を揃えて顧客を独占したりする手段です。

最後に「**誘導戦**」では、先手を打って弱者をおびき出します。弱者は、先に差別化戦略を打つこともできないまま、強者と同じ戦いを続けていれば、疲弊してしまいます。

「総合主義」「広域戦」「遠隔戦」「確率戦」「誘導戦」の5つが強者の戦い方です。

一方、弱者の戦い方を見てみましょう。はじめに「**一点集中主義**」です。

強者のように、潤沢な経営資源を持っていない弱者では、一点に集中して力を注ぎます。例えば総合出版社はいろんなジャンルの書籍や雑誌を出版していますが、全て満遍なく売れるということはありません。ですから専門出版社が生き残れるのです。ビジネスや絵本、アートなど専門分野に一点集中した戦略が大手と戦う術です。

次に「**局地戦**」。地域や顧客層をしっかり絞り込み、その部分においては徹底的に攻め込みます。業界で言えばニッチな市場を狙って戦うのです。

「**接近戦**」では、広告宣伝費を使うのではなく、直販や顧客と接することができる距離でつながりを深めます。個人個人の営業力や担当者の人柄がものをいう手法です。地方の中小企業のスーパーの中には、局地戦で地域を絞り込み、店主の魅力で戦い、大手のスーパーチェーン店に勝っているお店もあります。

4つ目の「**一騎打ち戦**」とは、1対1で戦うということですが、強者と真っ向勝負するのは分が悪いでしょう。競合ひしめく市場では、かなりシェアは小さくなる可能性があります。できれば、各地域で一社独占市場などに入り込みたいものです。

「**陽動作戦**」とは、自社の本当の狙いを気づかれないように事業展開を続けていくことです。ゲリラ作戦のように奇襲を仕掛けて、勝つ方法です。例えば、サービスの提供内容や価格を顧客に提示するようなホームページや広告を打つと、競合他社にも情報が流れてしまいます。相手が強者であれば、それ以上のサービスと価格を準備されるでしょう。それでは勝ち目はありません。だから情報を発信する時には、戦略としての注意が必要です。

強者は、強者の強みを生かし、戦略を立て、弱者は、強者と渡り合うために必要な戦略を立てる、これがランチェスター戦略です。強者でもしっかりとした戦略がなければ衰退していくでしょう。その反対に弱者でも戦略次第では勝利をつかめるということなのです。

CHAPTER 3-07

ブルー・オーシャン戦略で消耗戦を避ける

4つのアクションとアクションマトリクス

ブルー・オーシャンを見つける

ブルー・オーシャン戦略とは、新しい需要を掘り起こし、競合がいない市場で、戦うことなく事業を成功させる戦略です。それと相対し、競合ひしめく市場は、血で血を洗う熾烈な戦いが繰り広げられるという意味でレッド・オーシャンといいます。誰でも厳しい環境でしのぎを削るよりブルー・オーシャンでのびのび事業を展開したいと思うことでしょう。そのためにはブルー・オーシャンを創造しなければなりません。ただ、どの企業も入っていない市場が口を開けて待っているわけではありません。誰もいないということは、そこには市場がまだ存在していないのです。

ブルー・オーシャン戦略を行うには、はじめにその場所を見つける、もしくは創造しなければならないのです。競合がいない分、顧客にとっての価値を高めコストを下げるバリューイノベーションを行わなければなりません。そのために必要なのが左にある2つのフレームワークです。実際にあなたの業界を当てはめてみてください。

〈4つのアクションとアクションマトリクス〉

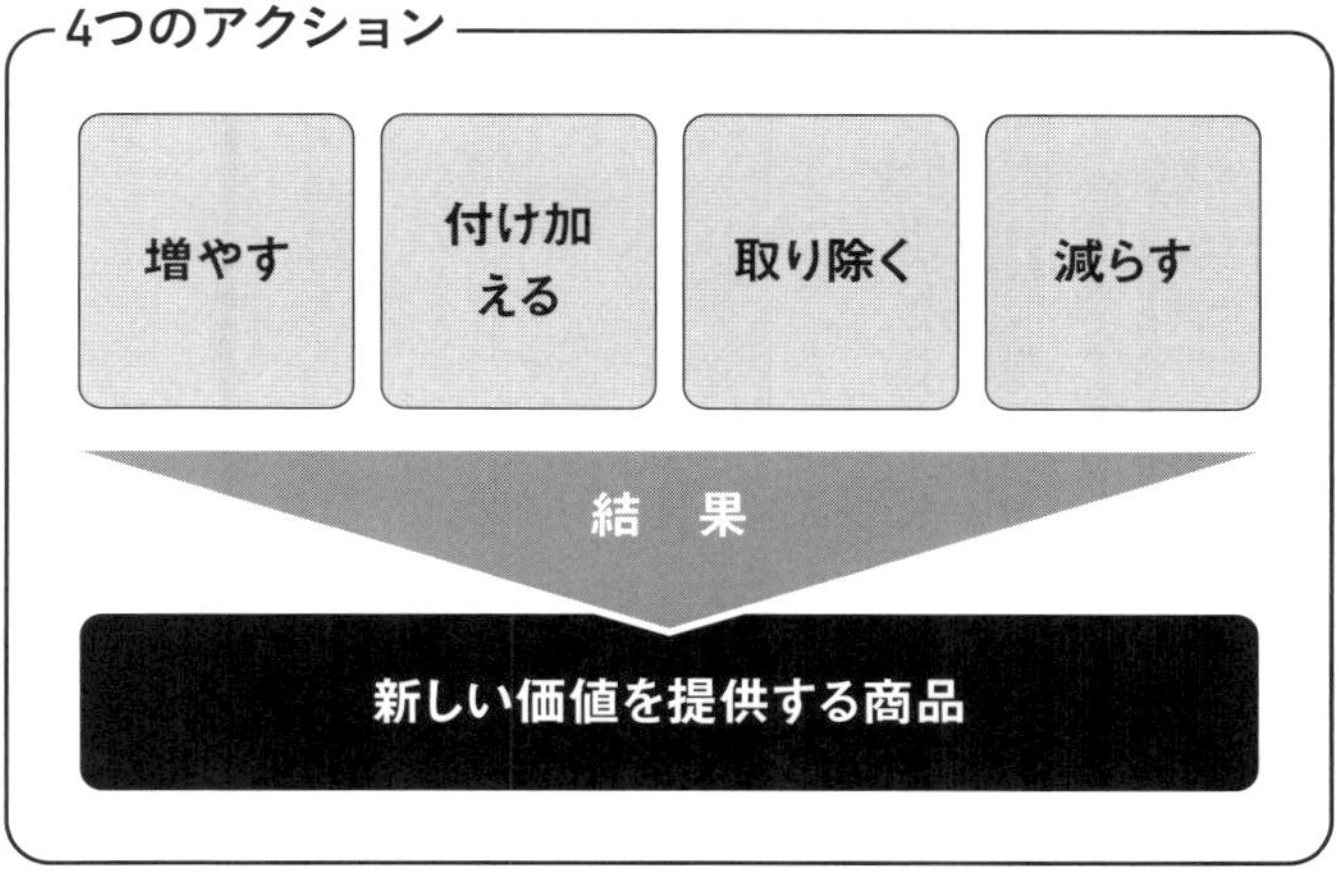

アクションマトリクス

増やす 既存商品の基準より大幅に増やしたほうがいいものなど	**減らす** 少しではなく、思いっきり減らすべきことなど
付け加える これまでは付加されていないが、加えたほうがいいものなど	**取り除く** 常識となっている無駄な既存サービスなど

4つのアクションとアクションマトリクスの使用方法

まずは顧客に提供する価値を再確認してみます。従来の考え方では、新しい市場は開けません。そのために「4つのアクション」という方法を用います。**「減らす」「付け加える」「取り除く」「増やす」の4つの行動から新しい価値を見いだす**のです。

例えば、「減らす」であれば、少しではなく、思いっきり減らすべきことは何か。これまで武器にしていたものを大胆に減らすと、従来の商品と全く違ったものだと認識されるでしょう。また「付け加える」では、これまで付加されていないが、加えた方がいいものは何かを考えます。これがウリになるのです。「取り除く」では、常識になっているサービスで、今は必要ないと思うものは何かを探します。常識にとらわれていては、なかなかアイデアは出てきません。最後に「増やす」では、業界の基準より大幅に増やした方がいいと思うものを挙げます。この点でこれまでの商品との差別化をはかります。

実例がないとわかりにくいので、『ブルー・オーシャン戦略』（ランダムハウス講談社）の事例を参考にさせていただきます。

イエロー・テイルというワインがブルー・オーシャン戦略を実現したとのことです。そこで次のようなアクションマトリクスを作っていました。

「増やす」……「デイリーワイン並みの価格」「小売店との連携」

「付け加える」……「飲みやすさ」「選びやすさ」「楽しさと冒険」
「取り除く」……「ワインの専門用語や等級表示」「熟成」「マスマーケティング」
「減らす」……「深みのある味わいや香り」「品種」「ぶどう園の格式」

ワインといえば、高級なレストランで飲む、オシャレなお酒というイメージがあったと思いますが、そこを根本から見直した結果、ブルー・オーシャンを探し当てたのです。

このようにして商品のアイデアが出たら、戦略を立てます。その際、重要になるのが「メリハリ」「高い独自性」「訴求力のあるキャッチフレーズ」という視点です。これまでとは違う点をアピールして既存の商品との差別化をはかります。せっかく新たな市場を作り出そうとしているのに、ありふれたキャッチフレーズでは従来の市場に戻されてしまうので注意が必要です。

ブルー・オーシャンは、創造できてもすぐに競合他社が参入し、レッド・オーシャンになるといわれています。もちろん条件のよい市場には、規制や参入障壁がなければ、どの企業でも進出したいと考えますから。そんな時でも競合他社に負けない次なる戦略を練っておくことが大切です。しかし常にブルー・オーシャンを探し求めていくという戦略が一番良いかもしれません。そのために常日頃から、「4つのアクション」と「アクションマトリクス」を活用するとよいでしょう。

CHAPTER 3-08

資源ベースから戦略を見いだす

VRIO分析(価値、希少性、模倣可能性、組織)

VRIO分析でケイパビリティを把握する

事業戦略を練る時には、ポジショニングから考えるのか、ケイパビリティから考えるのか、2つの手段があります。ポジショニングとは、業界における自社商品のポジション。そこから事業戦略を考えるものです。ケイパビリティは、自社が持つ能力で、その能力を武器に戦略をどう立てるかを考えるのです。VRIO分析は、**ケイパビリティから戦略を考えるために使用され、自社が持続的に業界内で優位に立てるかどうかを判断するフレームワーク**です。「価値ある資源(Value)」「希少な資源(Rarity)」「模範可能性(Inimitability)」「組織(Organization)」の4つの視点から自社を分析し強みを探していきます。自社に当てはめた時に、全て埋まるとは限りません。希少な資源でないことや、模倣されにくいものではないこともあるでしょう。しかし、自社の現状を把握することができ、今後、どのような施策をとればよいのかがわかればよいのです。一項目でも多く埋めることができれば、新たな事業戦略を作るきっかけになるでしょう。

〈VRIO分析〉

Value **価値ある資源** 他社に負けない独自の技術、システムなどのケイパビリティや経営資産を表す	**Rarity** **希少な資源** ほとんどの企業が持っていないほど希少な独自の商品や強み、伝統など
Inimitability **模倣可能性** 他社が簡単に真似できないような技術やシステム、特許など	**Organization** **組織** 価値ある資源、希少な資源、模倣可能性の3つを生かした戦略を実行できる組織

自社の経営資産や武器が、市場でどれだけ通用するのかを確認したり、また足りない技術や製品を把握し、改善したりするための分析方法。ビジネス戦略だけでなく、問題解決の手段にも用いられる万能なマトリクスだ

ＶＲＩＯ分析の具体的な仕組み

自社の商品やシステムの持続的競争優位性を確認する上で有効なＶＲＩＯ分析。その４つの視点を具体的に見てみましょう。

まず**「価値ある資源（Value）」**とは、端的にいうと自社が持つケイパビリティや経営資産のことです。そのケイパビリティや資産が、競合と比べた時に勝っていなければなりません。例えば、トヨタの「かんばん方式」は、他社と比べても負けない優れたシステムです。また、独自に新開発した素材や商品も他社より優れたものであれば、この項目は○になります。

次に**「希少な資源（Rarity）」**とは、自社が持っている商品や強みは、ほとんどの企業が持っていないほど希少なものなのかどうかです。どんなに消費者に好まれる優れた商品でも、どこにでもあれば、市場での優位性は保てません。例えば、町工場でも世界に誇る精密機械の技術やそこから生み出される商品は、他では手に入りません。○○産の野菜や果物などのブランドも希少な資源と言えるでしょう。

「模倣可能性（Inimitability）」は、他が簡単にまねできないような技術やシステムです。世界に誇る技術から生まれる製品は、ちょっとやそっとではまねができないでしょう。また特許を取得しなければ製造できないものや厳しい資格をクリアしなければ事業をできない分野も簡単には模倣できません。

「組織（Organization）」は、これら3つの要素を生かした戦略を遂行できる組織があるかどうかです。これは非常に重要です。どんなに素晴らしい技術やシステムを持っていても安定した商品を供給できる組織がなければ、事業として続けることは容易ではありません。価値ある資源、希少な資源、模倣可能性とともに組織作りにも力を注ぎましょう。

これらの4つの項目は、自社の商品やシステムなど、様々な項目に使用できます。

例えば、自社の商品開発システムの機能は、V「競合他社と比べて勝っているのか？」、R「他社がほとんど持っていないシステムなのか？」、I「このシステムを公開しても、他社は簡単にまねできないか？」、O「この商品開発システムは、円滑に、永続的に運営できるのか？」というように、それぞれの項目を質問にし、順番にチェックしていきます。全てに◯がつけば、市場においても優位性を保つことができますが、×がついた時点でチェックを終了します。×が入った項目は、改善できるのかどうかを確認しましょう。ちなみに1つ目から×がつけば、競争市場で劣勢になります。早急な改善が必要です。2つ目の「希少な資源」に×がついたら標準です。市場での競争では、悪くはありませんが、より改善することで強い武器になるでしょう。3つ目に×がつくと標準以上ですが、持続的な優位性を保つことは難しくなります。全てにおいて◯をつけることは容易ではありませんが、企業として目指すところです。このように**自社の商品や能力が市場において優位に立てるのかどうかを判断するためにVRIO分析は用いられます。**

CHAPTER 3-09

「見えざる資産」をフル活用する

見える資産と見えざる資産

「見える資産」と「見えざる資産」とは？

不況になっても生き残る企業は、どんな企業でしょうか。それは「見えざる資産」を持っている企業です。**企業の価値判断は、「ヒト」「モノ」「カネ」のように目に見える資産で判断されることが多いのですが、実は「見えざる資産」が企業存続には欠かせない**ものなのです。

「見えざる資産」とは、決算書には現れない資産です。主に「会社にある技術やノウハウ」「社員が持っているモラル」「経営理念」「マニュアル」「組織体制」「ブランドイメージ」「信用や伝統」などです。

例えば同じような商品を同じような価格で出している企業がある場合、不況に強いのはどのような企業でしょうか。それは顧客の信頼や伝統などの「見えざる資産」を持っている企業です。「見える資産」も大切ですが、見える分、日頃から計算の中に入っています。

逆に「見えざる資産」は、普段は気づかないことが多いのです。しかし不況や業界の状況が変わった時、「見えざる資産」の価値は現れるのです。

〈見える資産と見えざる資産〉

見えざる資産

- ●技術ノウハウ
- ●組織体制　●顧客の信頼
- ●情報資源　●伝統
- ●ブランドイメージ　など

見える資産

- ●現金、預金
- ●土地、建物
- ●投資有価証券　など

「見えざる資産」と「見える資源」を明確にし、戦略を策定する。不況時や会社に経営危機が訪れた時に、顧客からの信用や伝統など「見えざる資産」がものをいう。「見える資産」は、普段の事業運営に欠かせないものである

不況にも負けない「見えざる資産」

「見えざる資産」はどのようにして手に入れることができるのでしょうか。それぞれを確認してみましょう。

まず**「技術的ノウハウ」**。この点でいえば、自社独自の技術を長年にわたって蓄積した企業は非常に強いでしょう。製造する商品の設計から開発まで、全て受託者が行うODM生産では、自社に技術もノウハウも残りません。もちろん戦略として割り切れば、ODMも悪い方法ではありませんが、「見えざる資産」という視点では何も残りません。

「組織体制」も重要になります。ここでいう「組織」は単に組織化された集団を指すのではなく、非常に優れたコミュニケーションシステムを持ち、相互関係からシナジーが生まれるような組織です。このような組織を作ろうと思っても、一朝一夕にはいきません。だからこそ価値があるのです。また「独自のビジネスモデル」も同様です。試行錯誤しながら確立したビジネスモデルは組織と合わせて非常に重要な資産になるでしょう。

「情報資源」は、独自のルートから入手できるものに価値があります。ネット社会になり情報が氾濫している昨今では、ある程度の情報は誰でも手に入れることができます。だからこそ、独自の情報網を作り、他では手に入らない情報を蓄積することができれば、大きな資産となるのです。

「ブランドイメージ」は、非常に重要です。様々なイメージ戦略を駆使してでも社会に愛されるイメージを作りたいものです。自社のよいイメージを確立できれば、類似商品を発売しても、それだけで選んでもらえる確率は上がります。またイメージ戦略は企業だけではなく、タレントや著名人にも活用されています。

「社員のモラル」は、経営理念をもとに社員教育を充実させることが大切です。その際、業務のテクニックや知識だけではなく、「人として成熟させるような教育」が大切だと思います。信頼性の高い企業には、崇高な経営理念があるように思います。その理念が社内に浸透した時、一社会人として信頼性の高い社員に育つのでしょう。

「顧客の信頼」、まさにこれは、どの企業も一番に手に入れたい資産ではないでしょうか。顧客の信頼は、モラルある社員がいて、愛されるブランドイメージがあり、満足度の高いサービスを継続していれば得ることができるでしょう。言葉にすれば簡単ですが、実際には大変なことです。

「伝統」は、簡単には得ることができません。これまで紹介した「見えざる資産」を作り上げている結果が伝統になるのかもしれません。

「見えざる資産」は、競合他社に模倣されにくいものです。創業１００年の老舗の伝統をまねることはできません。たとえ１００年続けたとしても明らかに信用や伝統はまねできないのです。「見えざる資産」は、鍛えられた体幹のように一見わかりませんが、どんな時にも非常に安定したパフォーマンスを生み出してくれるのです。

事業戦略を立てる前にフレームワークで自社を分析しよう

事業戦略を立てるには、まず自社の分析をしなければなりません。自社の強みもわからずに立てる戦略は無駄としか言いようがないからです。そこで活躍するのがフレームワークです。本文中でいくつかのフレームワークに触れていますが、おさらいしてみましょう。

ＳＷＯＴ分析とは、「強み(Strength)」「弱み(Weakness)」「機会(Opportunity)」「脅威(Threat)」の４つの視点で自社を分析します。３Ｃは、「市場や顧客(Customer)」「競合他社(Competitor)」「自社(Company)」の視点から、市場における自社の現状を把握するのです。ＰＥＳＴ分析とは、「政治(Politics)」「経済(Economy)」「社会(Society)」「技術(Technology)の４つの視点でマクロ市場を分析します。

ファイブフォースは、「顧客の交渉力」「新規参入の脅威」「供給業者の交渉力」「代替品の脅威」「直接的な競争業者」の５つの競争する力を見つけるものです。

コトラーの競争地位戦略は、市場に参入している企業を「リーダー」「チャレンジャー」「ニッチャー」「フォロワー」の４つに分けたものです。

ＶＲＩＯ分析は、「価値ある資源(Value)」「希少な資源(Rarity)」「模倣可能性(Inimitability)」「組織(Organization)」の４つの視点で自社の強みを探す方法です。

フレームワークはまだまだありますが、まずはこれらの基本的なフレームワークを使用し、効果的な事業戦略を策定しましょう。

CHAPTER 4

「組織は戦略に従う」という思考

CHAPTER 4-01

「組織は戦略に従う」という思考

それぞれの組織体制

組織形態の種類

事業戦略ができたとしても、それを実行する組織がなければ、あらぬ妄想に終わってしまいます。また組織の作り方で円滑に仕事ができることもあれば、意思疎通ができず、業務に注力できないこともあります。この**組織形態いかんで会社運営は決まる**と言っても過言ではありません。では、どのような組織体制があるのか、見ていきましょう。

会社の規模にもよりますが、事業部が多くない中小企業の基本的な組織体制は、職能別組織でしょう。社長や取締役会の下に「営業部」や「製造部」などの部署が直接ある組織です。事業部制組織は、事業部がメインで考えられているため経営陣から各事業部へ直結しています。また各部署の社員がプロジェクトによってもう一つのグループに所属するマトリクス組織という形態もあります。さらにいくつもの事業部の組織が成熟し、それぞれの役割を果たしはじめると社内分社制という組織形態をとるところもあります。これらの組織形態は全社戦略によって組み替えると十二分に機能しはじめるでしょう。

〈それぞれの組織体制〉

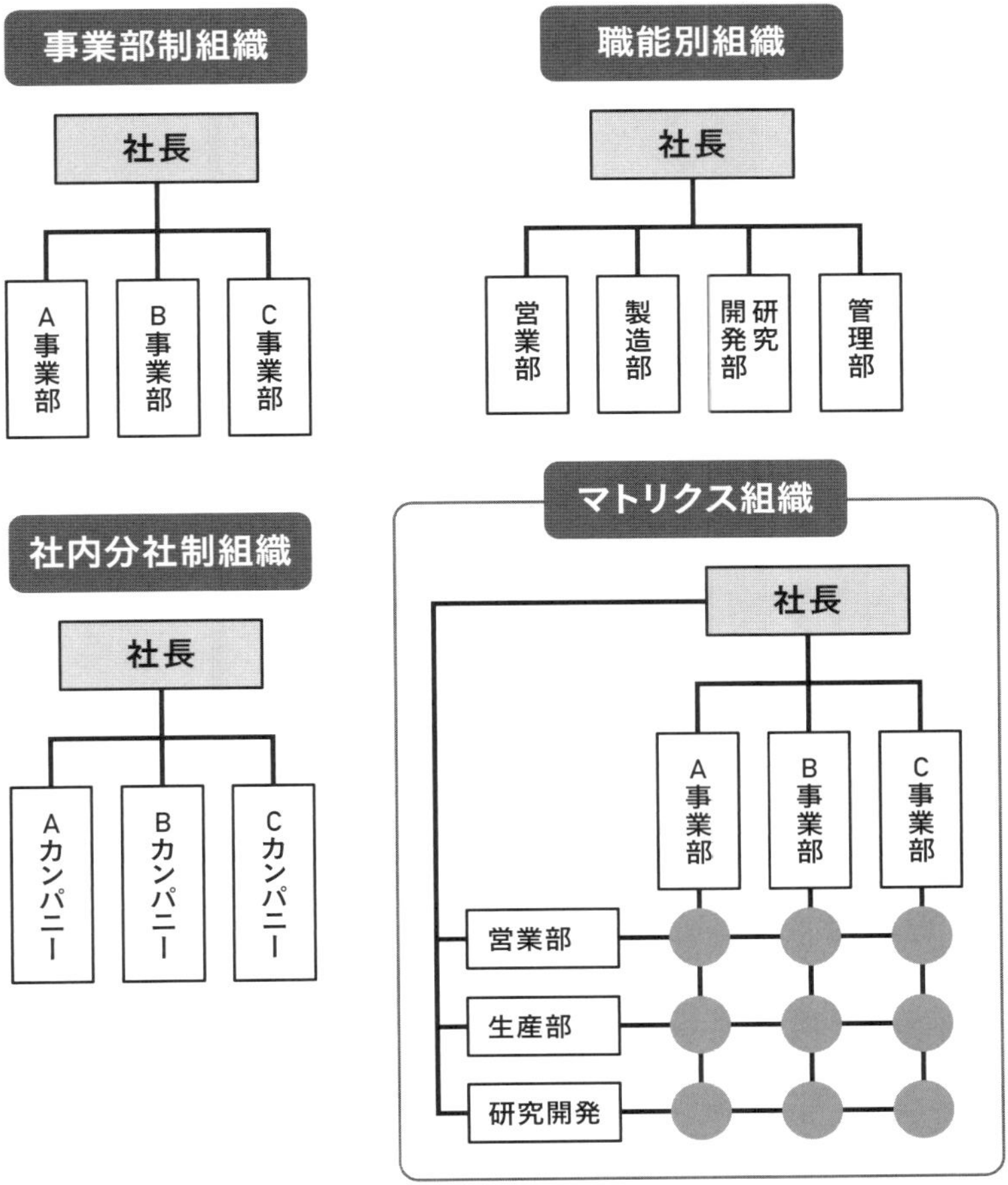
事業部制組織
社長
A事業部
B事業部
C事業部
職能別組織
社長
営業部
製造部
研究開発部
管理部
社内分社制組織
社長
Aカンパニー
Bカンパニー
Cカンパニー
マトリクス組織
社長
A事業部
B事業部
C事業部
営業部
生産部
研究開発

各組織体制のメリット、デメリット

職能別組織のメリットは、経営陣が各部署を直接管理できるため、一つの事業をメインに行っている会社が採用しやすいという点です。さらに経営陣から直接指示が下されるトップダウンシステムなのでムダな指示系統がないのもスムーズに実務ができる長所です。営業部、製造部、販売部など仕事内容が明確化されているので、社員が仕事に従事しやすいという点もあります。デメリットは、機能別に部署が分かれているため、互いに部署の仕事を理解できず、コミュニケーションがとりにくい傾向にある点です。よくドラマで上司と部下で飲みに行き、酒場で他部署の愚痴をいうシーンがありますが、部署間のコミュニケーションがとれていなければ、このようになってしまうかもしれません。

事業部制組織は、事業部ごとに組織された構造を持ちます。多くの事業がそれなりの成果を上げている企業に取り入れられることが多く、多角化を進める場合の第一歩でもあります。**事業部制と社内分社制のどちらが良いのかは、しばしば議論になりますが、もちろん双方にメリット、デメリットがあります**。事業部制組織のメリットとしては、各事業部単位で戦略を実行できるため、組織一体となって迅速に行動ができるということです。また事業部内のコミュニケーションもとりやすく、役割分担も明確なため効率よく事業を進めることができる点です。デメリットは、各部署で統率をとっているため、会社全体としてまとまりが欠けることがあることです。全社戦略を浸透させ、部署のトップと経営陣がしっかりとコミュニケーションをとっていれば問題ありませんが、やはり各事業部としての目標達成や売り上げに注力してしまうとなかなかうまくいかないのも現状です。

社内分社制組織は、事業部が増えると会社自体が大きくなりすぎて、生産性が上がらない割に固定費がかかってしまう時に用いると良い結果を出すでしょう。メリットは、責任の所在を明確化し、モチベーションを上げる効果がある点です。各事業の財務を独立させることで、たとえ事業が失敗したとしても、他の事業に最悪の影響は与えないという部分もあります。デメリットは、一企業の管理体制が必要なため人件費や諸経費がかさむことです。また事業部制より結果至上主義になりやすいため、目的達成のためには情報も出さないというケースも少なくありません。その結果、企業内の情報が流通しにくく、シナジーが生まれない傾向にあります。

マトリクス組織は、事業部制組織と職能別組織が組み合わさったものや事業部と地域組織が重なったものなど形態はたくさんあります。メリットは、2つの部署の視点でものを見ることができるので、豊かな発想ができる点。また部署内に閉じこもることなく、のびのび仕事がしやすく、専門性をフルに生かすことができます。デメリットとしては、2つの指揮系統にいるため、指示が矛盾することがあり、その責任の所在は曖昧になりがちな点です。一番の権限がどこにあるのかを明らかにしていないと組織自体が機能しなくなることがあります。

CHAPTER 4-02

社内ベンチャーで新商品開発に挑む

社内ベンチャーを起こすための必須項目

社内ベンチャーという組織に欠かせない4つの要素

社員が主体となって、企業の中に作る新規事業を行う組織が社内ベンチャーです。自由な社風をウリにしている会社や若者の意見を大きく反映させようとする企業によく見られるシステムです。やる気のある若手を自由に育てようというスタンスが社員にうけそうなので、「では、明日から、わが社でも……」と簡単にできるようなものでもありません。社内ベンチャーを成功させるには、左の図のように4つの項目が必須なのです。

まず、**「企業資産がある」**ということです。どんな事業を展開するにも、資金や人材、モノなどは必要となります。先立つものがなければ、次のステップには進めないのです。次に**「新しいアイデア」**。そしてそれを実行する**「チャレンジ精神を持っている社員」**がいなければ推進できません。最後に重要なことは、自社の**「企業理念に合致しているかどうか」**です。どんなに他の3つが揃っていても、これまで理念に掲げて邁進してきた会社と相反する企画であれば、社内ベンチャーのスタイルをとるにはリスクが大きすぎます。

〈社内ベンチャーを起こすための必須項目〉

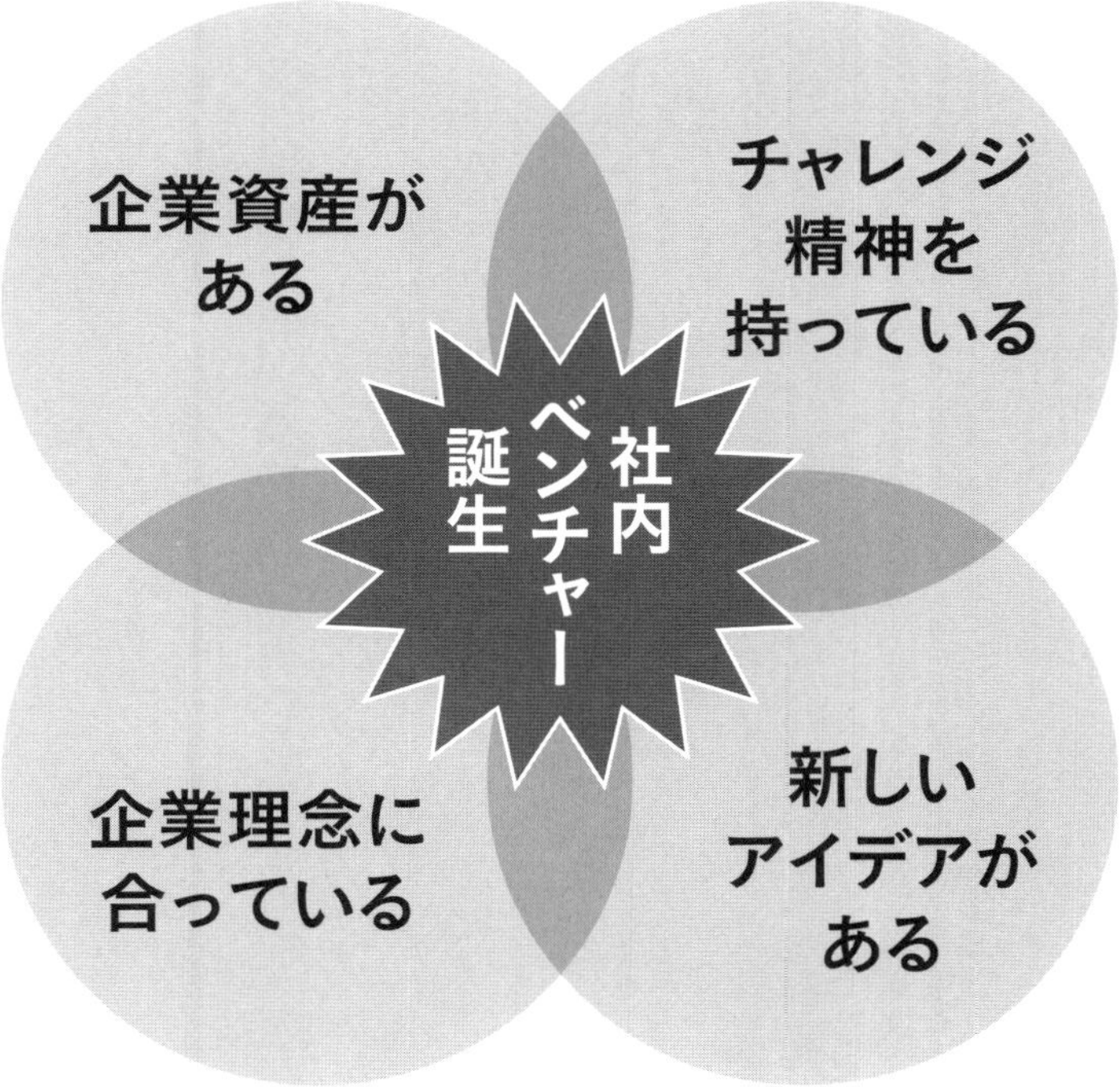

この4つの要素を持っているなら、社内ベンチャーシステムの導入を検討してみよう。社内ベンチャーが市場でイノベーションを起こし、その影響で会社内を活性化させてくれるだろう。それも社内ベンチャーの魅力の一つだ

社内ベンチャーはどうやって成功させるのか

近年よく「ベンチャー」という言葉を耳にしますが、ベンチャーとは和製英語で、実際に海外では「スタートアップ」といいます。これは「始動、開始、立ち上げ」という意味とともに「新規事業、新興企業」などの意味も持ちます。ベンチャー企業は、奇抜な発想やこれまでにない新しいアイデアで起業する会社組織ですが、社内ベンチャーとは文字通り、社内にこのような組織を作ることです。先述しましたが、社内ベンチャーを起こすには、それなりの資金が必要なので、ほとんどが資金力のある大手企業から生まれています。

その際の代表的な流れは次の通りです。

①社内からアイデアを募集
②経営陣で審査し、ベンチャー事業に望ましい企画を決定
③採用された企画を出した人を中心に組織を作る
④会社が出資しベンチャー企業を設立

このようにしてベンチャー企業は設立されますが、うまくいかなかった時には、資金を垂れ流しすることなくすぐに解散することが多いようです。あくまで所属会社が100パーセントの株主になるので、最終的な判断は、その経営陣に委ねざるを得ません。

社内ベンチャーを積極的に行っている企業としては、サイバーエージェント、ディー・エヌ・エーなどのインターネット企業からソニーやパナソニックなどの大手メーカーま

でたくさんあります。特に松下幸之助を創業者に持つパナソニックは、社内ベンチャーを推進させるために、2001年「パナソニック・スピンアップ・ファンド」を創設。社内ベンチャーへの投資を行っています。その投資対象は「経営理念、経営基本方針を逸脱しないこと　既存事業では推進困難なもので、パナソニックに変革をもたらすもの　事業性・成長性が十分にあり、将来大きく発展できるもの」（経済産業省関東経済産業局『企業発ベンチャーmagazine Vol.8』より）となっています。この制度のもとで多くのベンチャー企業が生まれているのです。

社内ベンチャーが増えるということは、社員自体のやる気を存分に生かせるという他に、その成功事例を情報として、新規事業や問題解決、改善などに役立てることもできるのです。まさに会社も社員もWin-Winの関係だということです。

しかし良いことばかりではありません。社内ベンチャーで失敗する原因はたくさんありますが、一番大きいのが、そのリーダーとなる人間が、完全に社員意識のままでいる場合です。資金は出してもらうのですが、あくまで自分自身が経営者として組織を引っ張り、経営状態を把握し、戦略を考えないといけません。この意識の切り替えができるかどうかが、成功への鍵を握っているのです。**リーダーとなる人は、タスクフォースのリーダーではなく、一企業のトップだという強い責任感が必要**なのです。

CHAPTER 4-03

事業拡大のためのM&Aという手段

業務提携、資本提携、経営統合

業務提携には様々な形がある

組織の形態は様々ありますが、M&Aという戦略の中で、組織を再編するという考え方もあります。M&A(Merger and Acquisition)とは、企業の吸収合併や買収を指します。M&Aは、**主に自社の事業拡大や投資目的であったり、経営が立ちゆかない企業を再生したり、後継者がいない企業を引き継いだりといった役割があります。**

それではM&Aを大きく3つに分けてみましょう。子会社化するケースは、一番オーソドックスなM&Aで国内外問わずよくあります。子会社化をするには、相手の株を半数以上買い集め、経営権を取得する方法が一般的です。力関係がはっきりしていますので、吸収される側も受け入れる体制をしっかりと考えているでしょう。次に会社全体ではなく、事業部のみを買収するケースもあります。継承者のいない事業のみを他社の事業に組み込んでもらうなど友好的なM&Aも少なくありません。3つ目は合併です。合併には、対等合併と吸収合併の2種類あり、市場の縮小や衰退により頻繁に行われています。

〈M&Aの3つのパターン〉

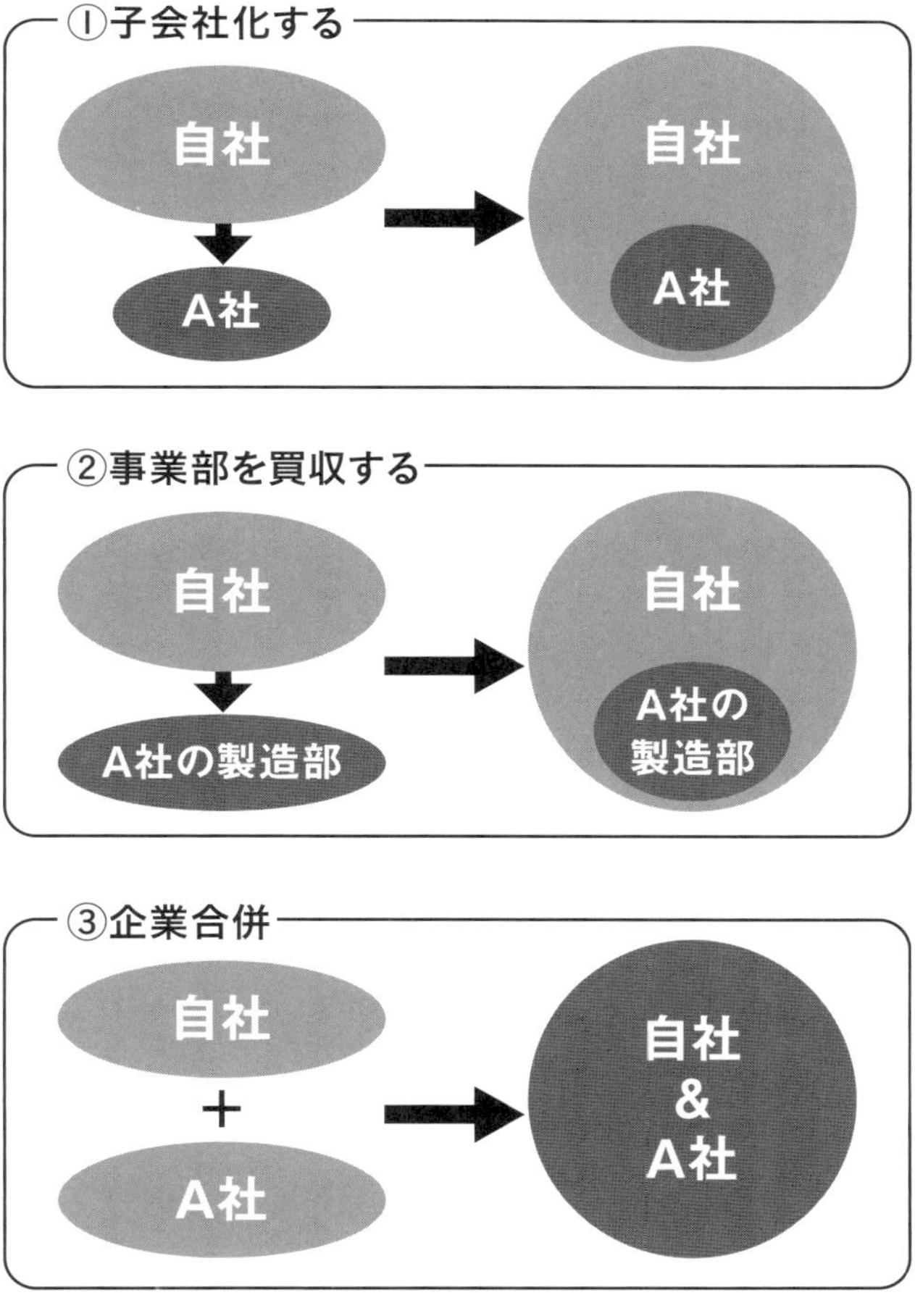

①子会社化する
自社
A社
自社
A社
②事業部を買収する
自社
A社の製造部
自社
A社の製造部
③企業合併
自社
＋
A社
自社
&
A社

戦略的業務提携のメリット、デメリット

M&AはIPOしている企業に限ったものではありません。近年では、未上場の企業もよく吸収合併を行っています。**企業買収のメリットは、事業の拡大や多角化ができる、既存の事業を引き継ぐため業務に精通した人材も手に入るという点。また新規事業などは、これまでのインフラや設備を活用できるため、その初期投資はカットできる点**も嬉しいでしょう。自社が持っていた事業部をより強化できるといったメリットもあります。

買収される側にもメリットはあります。後継者がいなくても事業を継続し、また経営者自身は引退できるという点や、経営状態が思わしくなく、廃業に追い込まれそうな時であれば、従業員の雇用を確保できるという点です。また経営に困窮していなければ、経営者は売却した資金でセカンドライフを楽しむことができます。

デメリットは、それぞれの企業文化や社風が異なるため、互いの社員同士がなじむのに時間がかかる点です。役職を持っていた社員のライバル心が強すぎると、しばしば大きなトラブルに発展することもあります。またM&A以前に想定した売り上げには全く届かないという誤算もあります。1+1=2に満たないこともあるのです。だからこそ、重要になるのは、M&A前の相手企業のリサーチ、分析です。M&Aは経営戦略の一つなので、市場の動向や企業の状態を徹底的に調べて、自社と合併したらどのようなシナジーを生むことができるのかを考えます。数字や宣伝広告に惑わされ、相手企業を過大評価してしまうと失敗して

しまうのです。また社風や社員モラルの高さの違いも問題になります。トップダウンで売り上げを伸ばしている会社などは、そのトップが抜けることで、全く機能しなくなることもあるでしょう。さらには、商品開発部と営業部が独自の関係を築き、非常に高いシナジーを生んでいる会社を普通の事業部制の企業が買収し、その会社のやり方に変更した途端、以前のような売り上げが上がらなくなることもあるようです。

これらのメリット、デメリットに鑑みてＭ＆Ａが効果的なのかどうかを判断しましょう。

対等合併と吸収合併の際に、各社員の間でよく問題になるのが、新社名です。欧米では、そのまま両者の社名を並べることが多いようですが、日本では、どちらの名前を前にするのかということにこだわります。企業ではなく、市町村合併の際でも、各地で問題になっていました。それだけ日本人は、名前に誇りを持っているのでしょう。

ですから、合併後は、新社名にすることが多いようです。例えば日本興業銀行、富士銀行、第一勧業銀行が合併し「みずほ銀行」。山之内製薬と藤沢薬品は「アステラ製薬」。ニチメンと日商岩井は「双日」といったように従来と全く異なる社名をつけることで、合併後の各社の優劣関係をなくす効果があります。もちろん、三井住友銀行や三菱東京ＵＦＪ銀行のように合併前の社名を羅列したものもあります。株主にとっては、新社名より、自分が持っている株式の比率が重要でしょう。それぞれのブランド力や資産状況によって変わってきます。この株式比率が１対１であれば、対等合併になります。

CHAPTER 4-04

シェアードサービスでコストカット

シェアードサービスのしくみ

同じ業務を一つにまとめるシェアードサービス

シェアードサービスとは、**グループ企業や各会社にある同じ業務を集約し、一つの組織にする戦略です。一つの会社であれば、各事業部にある業務を集約**します。

メリットの一つは、コストの削減です。例えば3つの会社にそれぞれ経理・財務部があり、そこには各10人いたとしましょう。グループ会社でトータル30人です。ひとくくりに経理・財務といっても、その中でそれぞれの役割があるので、規模にもよりますが、1社に10人という人数は多くはありません。しかし、まとめて仕事を分担するとおそらく7割、8割の人数で同じ仕事がこなせるでしょう。なぜなら、各社のリーダー的存在である熟練された社員が集まり、分担作業するのです。それだけではなく、業務品質の向上にもつながり、ひいては会社の成長につながります。

左の図のように、間接業務として各社の仕事を請け負う法人にすると多角化の足がかりにもなります。同じ業務を他社から請け負うことができるのです。

〈シェアードサービスのしくみ〉

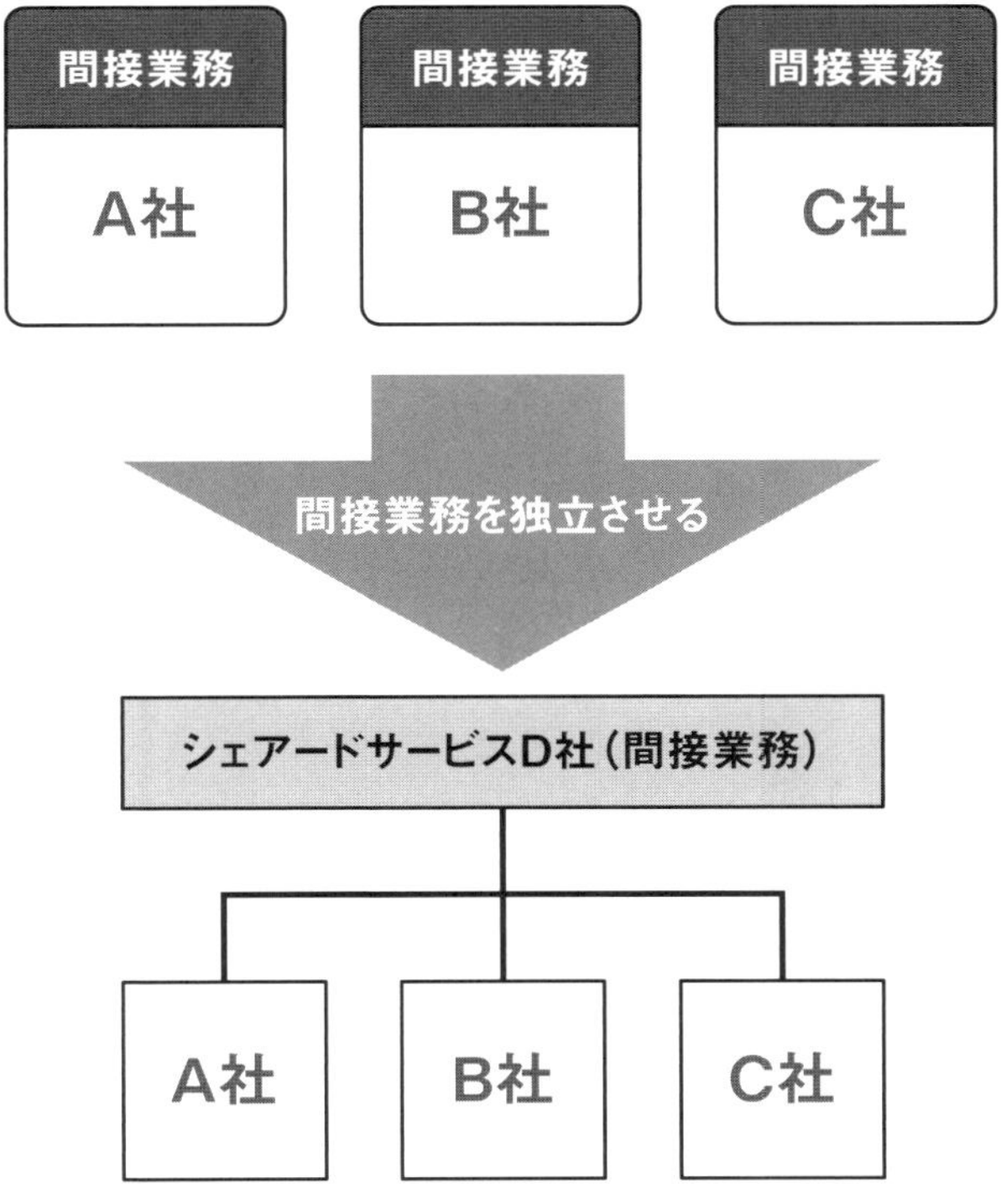

シェアードサービスを実現すれば、間接業務のコストを下げることが可能だが、「業務の標準化」が必要になる

コスト削減とサービスの向上が一番の目的

シェアードサービスは、形だけ見るとアウトソーシングと同じですが、他社に同じ仕事を発注するのであれば、自社の機能を強化し、独立させた方がコントロールしやすく、円滑に仕事を進めることができるでしょう。また会社の風土も熟知している分、トラブルも発生しにくいのです。

日本の企業は、海外の企業と比べ、間接業務のコストが高いといわれています。欧米では30年以上前からシェアードサービスセンターを活用してコスト削減を実現していたのです。また近年では自国内だけではなく、世界中の業務を標準化し、どこの国の業務も請け負える体制を築いています。日本は、遅ればせながら、やっと国内でシェアードサービスが広まってきたところです。

シェアードサービスしやすい業務は、経理、総務、人事などの間接業務です。また通信販売業務の電話受付なども、まとめやすいでしょう。

例えば、大手データマネジメント企業では、財務・経理事業、総務事業、人事事業、福利厚生事業の他に、営業事務もシェアードサービスしています。見積書や契約書作成まで標準化し、まとめたのです。コストカットや効率化を実現できればよいのですが、うまくいくことばかりではありません。シェアードサービスが成功しない大きな理由として、「業務の標準化ができていない」という点があります。同一業務を行うのですが、会社によって、また組織によって業務テキストの様式が異なっていたり、報告方法が統一化されていなかったりすれば、かえって時間や費用がかかってしまうことがあります。業務プロセスや情報の共有方法は、はじめの段階でしっかりと決めましょう。

また、シェアードサービスだけに留まらないのですが、新システムを導入する時には、定着するまでに時間がかかります。システムが複雑である、または慣れない作業が多い場合、この期間が長引いてしまうことがあります。その間、それまで以上に効率が悪くなったり、コストがかかったりしてしまいますが、途中でやめてしまえば、これまで導入のために使った費用と時間がムダになってしまいます。この点をはじめに頭に入れて、使いやすい標準化を目指しましょう。当然、新たな試みは一度でスムーズに行くことの方が少ないので、失敗した時は、トライアル＆エラーで乗り切ることが大切です。

さらには、これまで緊密に連絡を取り合っていた部署が、シェアードサービスによって、情報交換の頻度が落ち、サービスが低下したという企業もあります。どの部署を分離させるのか、そのリスクをあらかじめ考えておきましょう。

どんなに便利なシステムでも、使い方を間違えると大失敗につながる諸刃の剣となります。特に**組織編成は社員にとっても非常に大きな影響を与えます。その社内体制の変化が、そのまま売り上げに直結することもあるのです。コスト削減をするには、それなりの戦略を持ってシェアサービスを行うことがよい**でしょう。

組織が戦略を作る

7つのSで分析する

社員が多くなり、事業の多角化を促す

先述したようにアルフレッド・チャンドラーは、「組織は戦略に従う」という言葉を残しましたが、その逆のような事象もありました。もともと多角化を目指したわけではなく、好景気にかまけて社員を増やしに増やしていると急激な不況に突入。そこで経営者は考えます。「人件費を払えず、このまま倒産するか」「リストラをするか」と。このような問題は中小企業でもよくあることです。しかし、もう一つの選択肢があるのです。

余剰人員を使い、新たな事業を展開するという選択です。このような発想で、多角化が実現した企業がありました。また国内市場を独占しつつある事業部は、このまま続けても成長は見込めません。熟練した技術を持った者や質の高いサービスを提供できるベテラン社員がたくさんいますが、国内では飽和状態。そんな時に海外進出に目を向けた企業もあります。組織が戦略に従うのではなく、組織が多角化戦略やグローバル戦略などの新たな戦略を作ったのです。

〈組織が戦略を作る〉

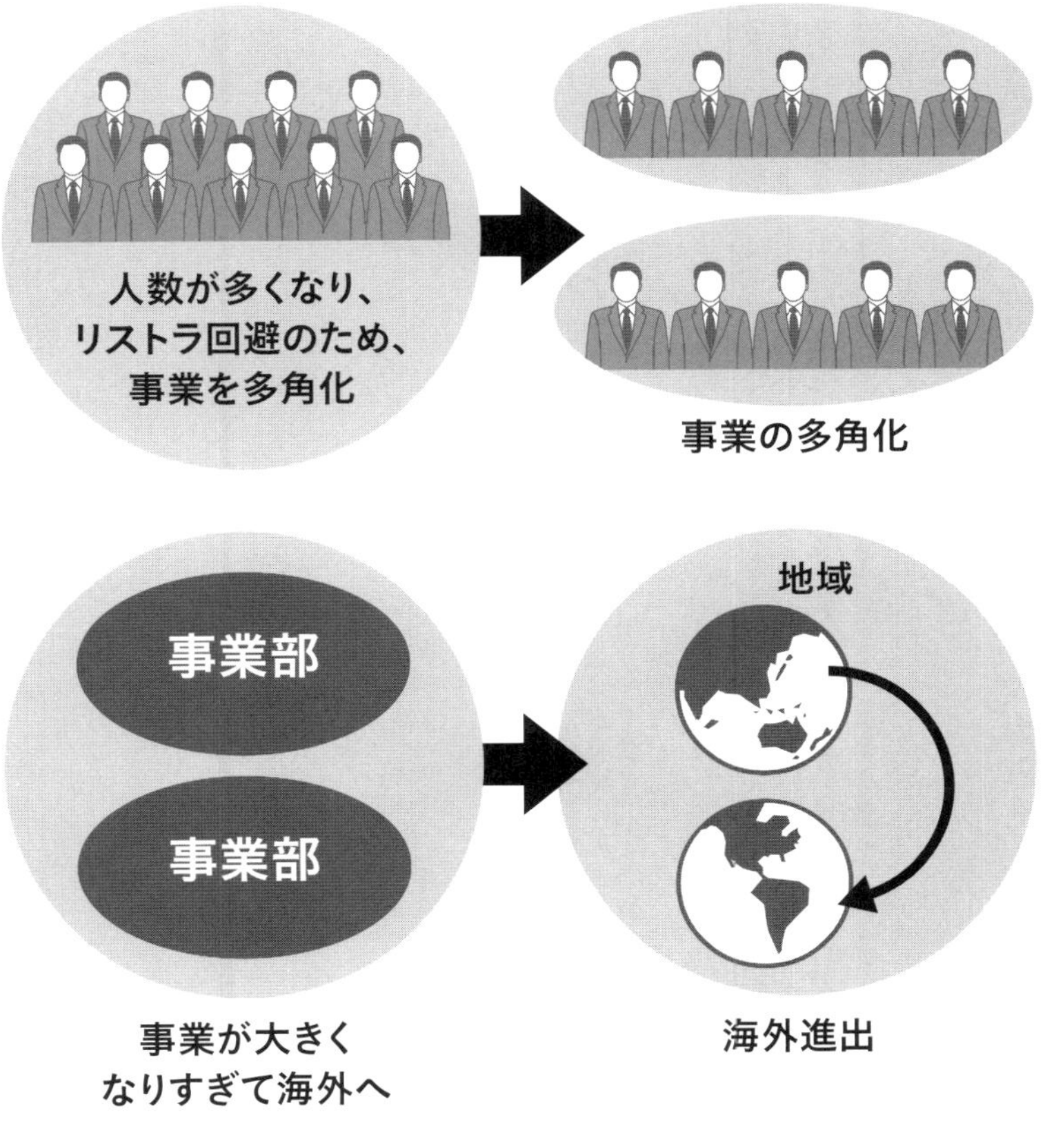
人数が多くなり、
リストラ回避のため、
事業を多角化
事業の多角化
事業部
事業部
地域
事業が大きく
なりすぎて海外へ
海外進出

7つのSで自社の組織を分析する

組織戦略は、全社戦略や事業戦略を円滑に行うために、なくてはならない重要な戦略ですが、戦略の中では軽視されがちです。マーケティング戦略はそのまま売り上げに直結し、生産戦略は、売り上げを上げる製品を作るのですから、注力されます。その間に落ちてしまいがちなのが、組織戦略なのです。しかし考えてみてください。どんなに優れたマーケティング戦略や生産戦略が策定できたとしても、それを運用する体制が確立されていなければ、機能しないでしょう。世界最大級のコンサル企業、マッキンゼーは、組織運営を考える上で、次の7つのSを提唱しました。

①戦略(Strategy)……事業の方向性や、戦略上の優先順位。②組織(Structure)……事業部制組織や機能別制組織などの体制。③システム(System)……人事評価や報酬、また育成システムなど。④価値観(Shared Value)……社員が共有している長期目標など。⑤スキル(Skill)……販売力や技術力など、組織に蓄積されている能力。⑥人材(Staff)……社員一人ひとりの能力やモラルなど。⑦スタイル(Style)……会社の風土や組織の文化など。

このような視点から自社の組織を分析し、どこが強く、どこが弱いのか、またどのようにして改善できるのかを考えてみましょう。組織改革が会社全体に大きな力と売り上げを作ってくれるでしょう。

CHAPTER 5

マーケティング戦略で市場を開拓する

マーケティング戦略で市場を広げる

5つの戦略的マーケティング・プロセス

マーケティング戦略とは単なる市場調査ではない

マーケティング戦略とは、会社の売り上げを上げるためにとる戦略です。非常に漠然としていますが、機能別戦略や事業戦略などとも重複する部分があり、全社戦略にも大きく影響を及ぼすほど重要なものです。様々な戦略の全ては、会社存続のためにあるのですが、特にマーケティング戦略はなくてはならないものです。なぜなら、売り上げを作る戦略ですから。そもそもマーケティングという概念は、１９４０年代後半にアメリカ・マーケティング協会が設立され、広まっていったとされます。

コトラーは、著作『コトラー&ケラーのマーケティングマネジメント』の中で**マーケティングのプロセスを、①調査、②ＳＴＰ（セグメンテーション・ターゲティング・ポジショニング）、③マーケティング・ミックス（４Ｐ）、④実施、⑤管理と、5つのタスクに分けました**。現在もこのプロセスを基本に細分化したり、自社に合ったタスクに分けたりして戦略を策定する企業が多いのです。

〈5つのマーケティング・プロセス〉

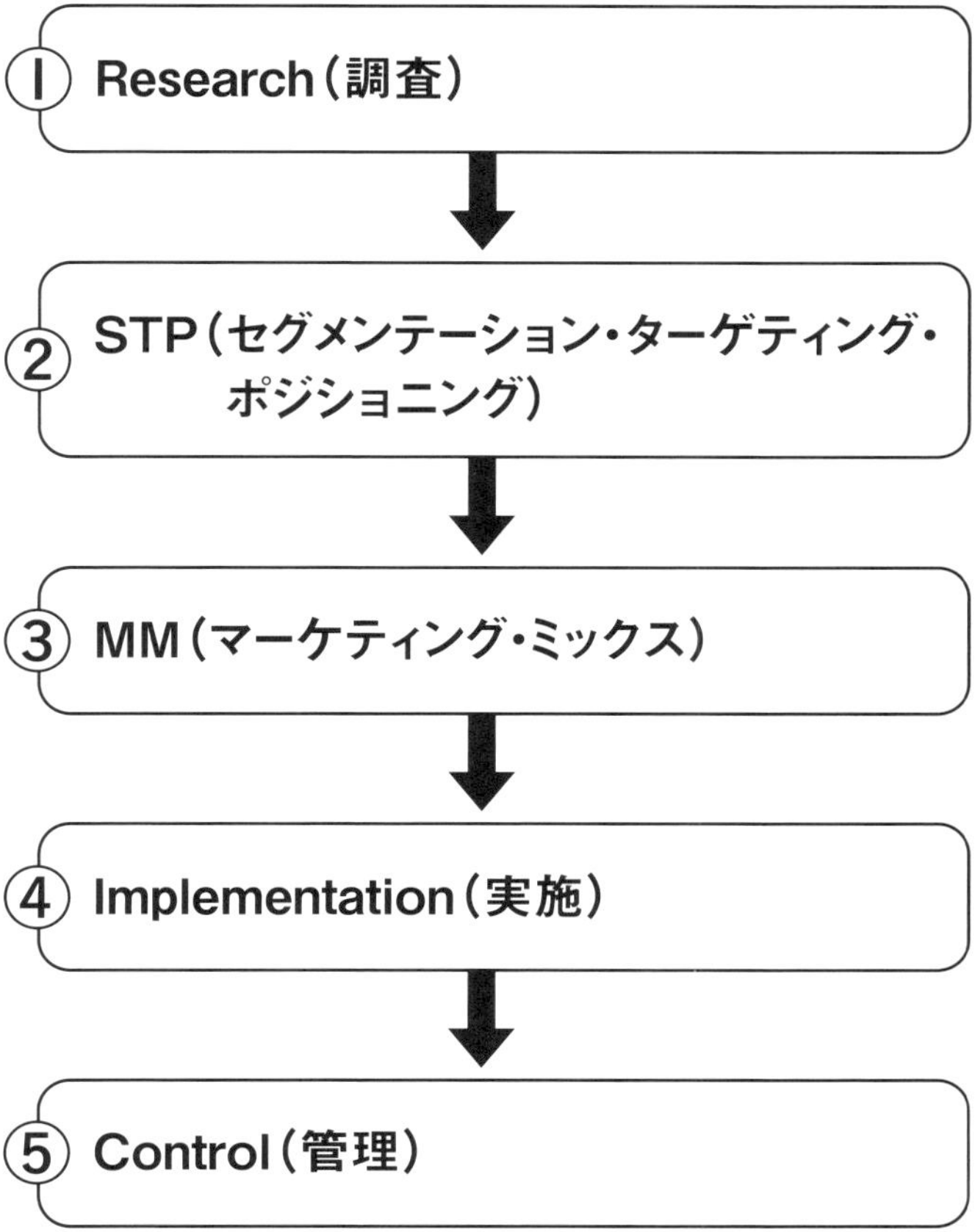

5つの戦略的マーケティング・プロセス

マーケティング戦略を策定する上で、まずやるべきことは**リサーチ**。つまり市場調査です。この場合、ただ単に市場のデータを集めても意味がありません。「今の市場には、何が足りないのか」「顧客は何を欲しているのか」「現商品に対しての不満」などを引き出します。現状の商品やサービスが未だクリアしていない問題を解決すれば、それは差別化された商品になるのです。

また様々な角度から情報を集めましょう。インターネット上の信頼あるサイトやシンクタンクからの情報だけではなく、現地や現場、現物などの生の情報を得ることも有効です。この情報収集力いかんで、今後の分析や戦略が大きく変わってきます。

2番目に、**STP**(セグメンテーション・ターゲティング・ポジショニング)**分析**です。まず市場を細分化して、ターゲット層を抽出します。そこで競争優位性を設定(ポジショニング)するのです。この分析により戦略の取り方が変わる重要なプロセスです。

3番目に、**マーケティング・ミックス**(4P)。これは様々な要素を組み合わせて戦略を作ることです。主に製品(Product)、価格(Price)、流通・販売(Place)、プロモーション(Promotion)の4Pを用いて戦略を作ります。しっかりとSTP分析した情報をもとに戦略を考えていきます。

4番目に、**実施**。マーケティング・ミックスで策定した戦略を実施します。この時、顧客の反応が悪く、商品やサービスが全く売れないのであれば、セグメンテーションやターゲティングが正確にできていなかったのかもしれません。商品やサービスに問題があることも考えられますが、それでもターゲティングとセグメンテーションが正確に行われていれば、全く受け入れてもらえないということはないでしょう。再度、リサーチをして検証し商品やサービスの改良をすることが必要です。

最後に**管理**です。マーケティング戦略を考える時、戦略の肝となるSTP分析やマーケティング・ミックスをメインに考えがちで、最後の管理がおろそかになるケースは少なくありません。商品を販売したが、売れなかったといった場合、なぜ売れなかったのか、どこを改良すべきなのか検証することも管理の一つです。

また、好調に売れたという場合も、製造量を上げるか、このままの体制で行くのかの判断をしなければなりません。体制を変える場合は、特に管理力が問われます。人材を増やすのか、アウトソーシングするのか、また社内組織自体を変えるのかなど、その役割は大きいのです。STP分析やマーケティング・ミックス、また実施と同様におろそかにすることなく、管理を行いましょう。

これら5つのプロセスを経て、商品やサービスは提供されます。どのプロセスも非常に重要ですが、リサーチやSTPが失敗すれば、完敗といっていいでしょう。しっかり見極めて戦略を策定しましょう。

CHAPTER 5-02

セグメンテーションで新たな市場を開拓する

STP戦略の考え方

基本はセグメンテーションとターゲティング

セグメンテーションとは、主に年齢や職業、性別などの人口動態変数(Demographic Variables)、都道府県やエリア、地域性を考えた地理的変数(Geographic Variables)、ライフスタイルや趣味趣向などの心理的変数(Psychographic Variables)、商品についての知識や購買行動などの行動変数(Behavioral Variables)の4つの視点で考えられます。ここでは、地域、年齢、性別、職業、ライフスタイル、家族構成からセグメントを作ります。商品やサービスの特徴によってセグメントは変えていきましょう。

ターゲティングは、セグメンテーションした市場の中で、どのセグメント選ぶのかを決めることです。**重要なことは自社のケイパビリティを生かして選ぶということ**です。どんなに大きな市場であっても、競合他社に勝てるケイパビリティがなければ、すぐに撤退を余儀なくされるでしょう。自社の武器を存分に生かせるセグメントを選ぶことが大切なのです。

〈セグメンテーションとターゲティング〉

●セグメンテーションで市場を細分化する

地域	年齢	性別
職業	ライフスタイル	家族

↓

それぞれのカテゴリーを見てターゲットを決める。
そして自社商品を投入!

↓

関東地方の20代女性、独身、アウトドア好きな
エリート社員向けの「日焼け止め化粧品」

地域、年齢、性別、職業、ライフスタイル、家族構成からセグメントする。このセグメントがいい加減な場合、ターゲティングは失敗に終わるので、焦らず十分に分析しよう

ＳＴＰ分析で変革をもたらす

ＳＴＰ分析とは、先述したセグメンテーションを行い、その後ターゲティングで商品のターゲット層を絞り込み、最後は商品の独自性を生かし、他の商品と差別化できるポジションを見つける方法です。この時、**注意すべき点は、セグメンテーションをおろそかにしない**ということです。このセグメンテーションは非常に難しく、かつ重要なのです。人口動態変数、地理的変数、心理的変数、行動変数の４つの視点で見るのですが、その商品やサービスを受けとる人は、地域によって異なるのか、性別によって異なるのか、年代によって異なるのかということを考えなければなりません。何も考えずにセグメントしても、効果はないのです。

例えば、40代の主婦をセグメントしたとしても、世帯所得や住む地域によってライフスタイルは異なるでしょう。どこにでも高級住宅街はありますが、その周辺を見てください。庶民的なスーパーマーケットよりも、名産地の野菜や果物を扱うお店があるのではないでしょうか。このように適した大きさに細分化されなければ失敗してしまいます。大きすぎても戦略を見誤ります。逆に40歳主婦、世帯所得１０００万円、子どもは男の子1人、女の子1人、趣味は美術館巡り、ブランドは〇〇が好きで……と細分化しすぎても、意味はありません。細分化していけば、限りなく市場は小さくなってしまいます。このように**セグメントの考え方が間違っていれば、その後どんなにターゲティングに力を入れたとしても正確な戦**

略は作れません。適度な細分化ができれば、次はターゲティングです。ここでもターゲットとするセグメントが曖昧になっているとSTP分析の効果は発揮できません。

例えば、ダイエット食品の販売戦略を練るためにSTP分析を行ったとします。ダイエット食品は、基本的に若い女性に人気がありますが、セグメントをすると40歳代のメタボを気にしている男性にも大きな市場があることがわかりました。そこで中年男性をターゲットにしようと決めますが、20歳代のOLと40歳代の中年男性では、同じダイエットでも意味が変わってきます。女性は、一番にスタイルを気にしますが、中年男性は、健康を気にするでしょう。もちろんのこと同じ商品では、同じような効果は上げられません。セグメントした時に、自社の商品の特徴や強みがそのターゲットに効果的なのかどうかを考えましょう。情報を整理し、セグメントしただけで満足していては大失敗をしてしまいます。ターゲティングをする時は、自社の商品の強みを十分に考慮しなければいけません。強みとは、見方によっては弱みにもなります。

例えば、安くて早いというのは、ファストフードの強みです。しかし、時間やお金を気にすることなく、品質の良さやサービスを求める顧客には、「安くて早い」は何の強みにもなりません。逆に「もっと品質を上げてくれ」という要望に応えられていないという弱みになってしまうのです。これも全てて正確なターゲティングをしていれば起きない問題です。

CHAPTER 5-03

4P戦略という手法

製品、価格、流通チャネル、プロモーション

4Pという視点

マーケティング・ミックスの基本的要素である製品(Product)、価格(Price)、プロモーション(Promotion)、流通・販売(Place)の4Pを紹介しましょう。これらの視点がなければ、最悪の場合、独りよがりな製品に高値をつけ、製品が届くかどうかもわからない羽目になってしまいます。まず製品(Product)においては、その品質は競合商品より良いのか、またブランド力があるならば、その力を存分に生かせているのかを考えます。価格(Price)は、その商品に見合った価格が提示できているのか、またB to Bであれば、支払期日や取引条件も重要になってきます。プロモーション(Promotion)は、広告やPRなどの販売促進活動です。これも大切で、発売したことを誰も知らないのであれば、売れるものも売れません。流通・販売(Place)は、商品が定期的に遅れることなく流通するチャネルの確保や販売場所などの立地までを表します。**これら4つの視点からターゲットとするセグメントに商品やサービスを展開させる**のです。

〈4P戦略〉

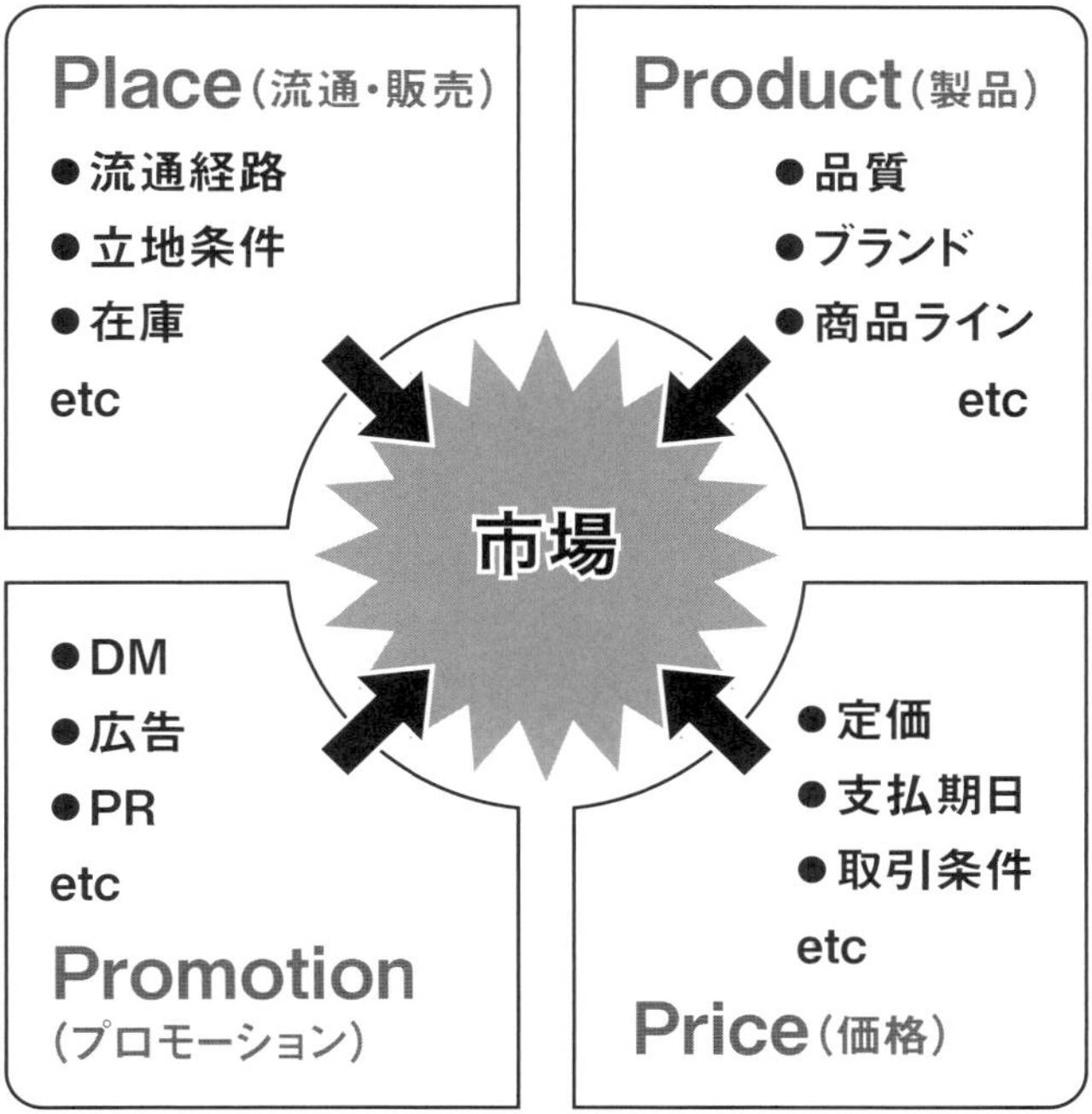

4P戦略とは、製品、価格、プロモーション、流通・販売の整合性を十分に考慮し、顧客を絞り込み、競合他社に勝つ戦略をつくる方法だ。この時、しっかりと4つの要素に整合性が取れていないと失敗する可能性が高くなる

製品、価格、流通チャネル、プロモーション

４Ｐを使用した例を見てみましょう。国内最大級の通販ショップ「ジャパネットたかた」の場合、製品(Product)は、全てではありませんが、メーカーとのコラボ商品やジャパネットたかただけのオリジナルカラーなど、他のお店では購入できないという商品を武器にしています。同様な商品でも、ちょっとした戦略で差別化しているのです。価格(Price)に関しては、決して市場で一番安いわけではありませんが、「2万円値引き」エアコンや大きな電化製品の「設置無料」という言葉で安さをアピールしています。店舗を持たない分、コストカットができているのでしょう。また、「分割手数料、金利０」というフレーズも非常に効果的です。例えば、金利も諸経費も上乗せした金額を提示したとしても、そこに「値引き」「無料」「金利０」というフレーズを入れると、それだけでお得感は増すでしょう。非常に効果的な戦略です。

次にプロモーション(Promotion)は、テレビやインターネットを駆使しています。長崎のラジオショッピングからはじまり、北海道から沖縄までラジオ電波を使って販売をしていました。そこから新聞折り込み広告やテレビなど様々なプロモーションツールを使い、成長してきたのです。お笑い芸人を使った企画など、プロモーションにも非常に長けています。また流通・販売(Place)は、全国くまなく発送できるシステムを構築しています。２０１４年には、物流部門を分社化しています。このように４Ｐ分析すると、ジャパネットたかたがど

れだけ優れた戦略を持っているのかがわかります。

この4Pは、売り手の視点です。この視点を顧客の視点に変えたものが4Cといわれるものです。4Cとは、顧客にとっての価値(Customer Value)、顧客が支払うお金(Customer Cost)、利便性(Convenience)、コミュニケーション(Communication)を指します。製品は、顧客が欲するものでなければ売れないでしょう。お腹が一杯の時に、どんな豪華な食事を提供されても顧客は喜びません。価格は、消費者が支払うお金と見合うものでなければ売れません。100円の価値しかないものを1000円で売ることはできません。もし売るのであれば、それ相応のサービスを提供する必要があります。流通や販売方法も、顧客が簡単に手にできるシステムでなければ多く流通しないでしょう。

近年ではインターネットでモノを買う人が増えています。どこでもキーボードを打つだけで注文でき、商品を家まで届けてくれるシステムがあるからネット販売市場は伸びているのです。雨の日でも、病気になっても、お店に行くことなく、注文できます。プロモーションは、一方通行では成功しません。企業の意図することが、顧客に伝わることによって、その効果は表れるからです。

つまり、コミュニケーションが成立していなければならないのです。4Pは4Cを考えて決めていきましょう。そうすればきっと顧客の心は離れないはずです。

CHAPTER 5-04

PLCからマーケティング戦略を考える

プロダクト・ライフ・サイクル

プロダクト・ライフ・サイクルの特徴

製品には人間と同じように寿命があります。プロダクト・ライフ・サイクルとは、その製品が市場に誕生してから需要が尽きるまでの流れを表しています。

導入期は、研究開発された商品が市場に入ったところです。まだまだ認知度も低く、どんなに良い商品でも、多くの消費者には知れ渡っていません。商品は初動が大切です。この導入期でしっかりとPRできなければ、よほど長いスパンで計画を立てているか、赤字を補塡する資金力がない限り、その先は望めないでしょう。次に**成長期**は、頑張りどころです。どのくらい成長できるかが、次の**成熟期**に入った時の商品価値を形成します。成熟期に入ると、次には必ず衰退期がきます。この成熟期にいかに他の商品を自社の武器として生産することができるかが、社運を決めます。**衰退期**に入ると、自社ブランドのイメージをどのように保つのかを考えましょう。商品の衰退とともに自社のイメージも落ちていったのでは、他の商品の展開に支障が出てくるかもしれませんので、ご注意を。

〈プロダクト・ライフ・サイクルとは〉

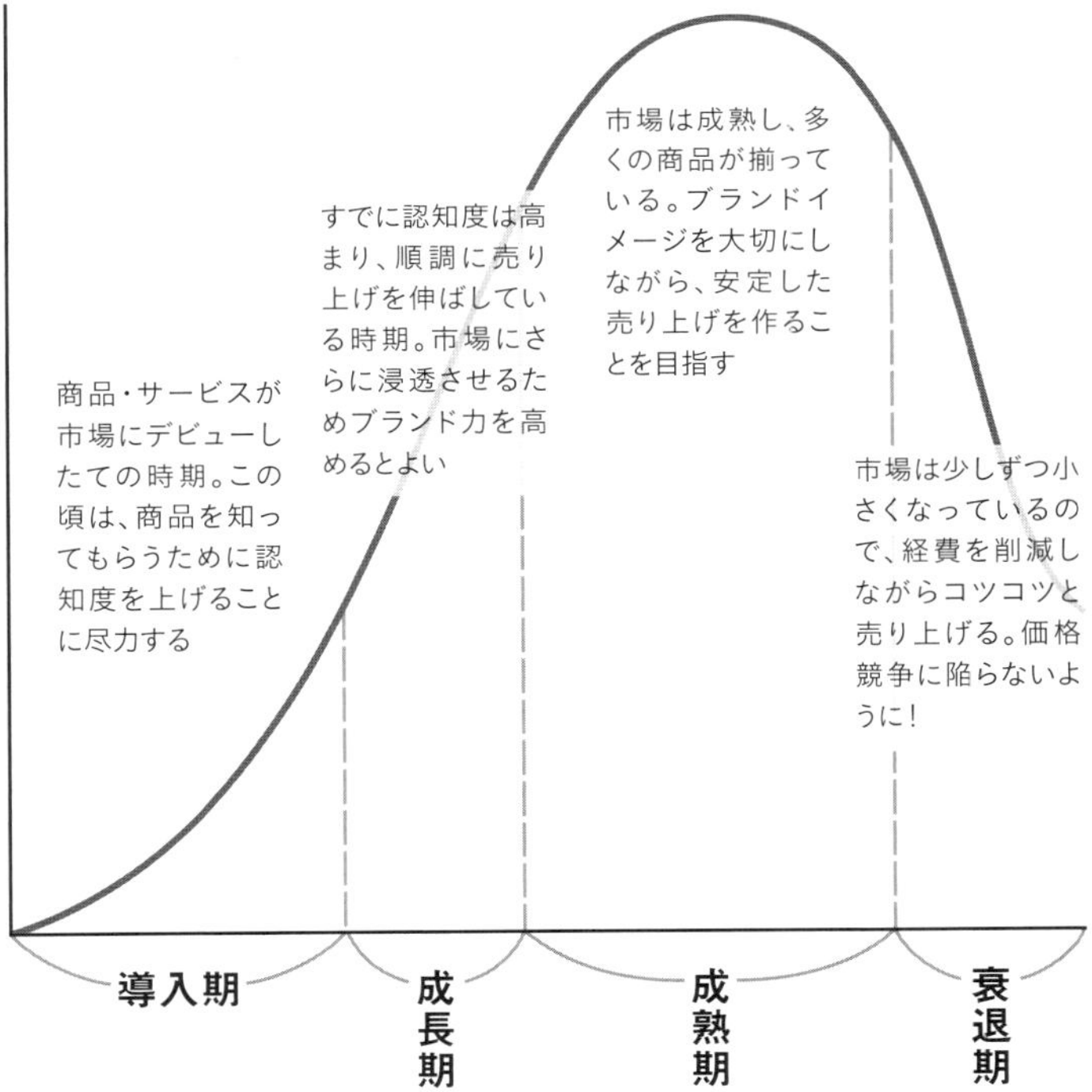

製品は市場に投入され、売り上げを上げ、どんどん成長する。その後ピークを迎え、そこから少しずつ売れなくなり、市場から姿を消す。この市場における商品の寿命を表したのが、プロダクト・ライフ・サイクルである

導入期、成長期、成熟期、衰退期に効果的な戦略

導入期は、商品・サービスが市場にデビューしたての時期を指します。商品がこれから生き残っていけるのかどうか、一番重要な時でもあり、競合がひしめく市場では、デビューしてもすぐに消えていく商品もあります。この時期は宣伝広告を含め、どのように広く認知してもらえるのかが大切です。資金力があれば、大々的にCMなどもできるでしょうが、限られた資金の中でPRするのであれば、フリーペーパーへの広告やティッシュ配り、インターネットでは無料のプレスリリースサイトなどを利用するのもよいでしょう。ニッチな市場を狙うにしても、その市場の顧客には知ってもらわなければならないのです。そのため、支出は多くなりますが、売り上げはまだ上がらないでしょう。PPM（58ページ参照）でいえば、「問題児」に相当するかもしれません。とにかく認知度を高める戦略を考えましょう。

成長期は、すでに認知度は高まり、順調に売り上げを伸ばしている頃です。

競合他社が類似商品を投入してきている頃でしょう。その類似商品に負けないようにブランド力の強化を図ります。詳しくは次項で書きますが、価格設定を変えてブランド内に新たなラインを作るのも手です。まだまだ市場は成長しているので、大胆な戦略を考えてみてもよいでしょう。しかし、新たな展開に目を奪われて、既存商品の改良に手を抜いては、あっという間にシェアを奪われてしまうでしょう。広告宣伝費も十分捻出できると思いますが、導入期と同じことをやっていると、お金のムダです。商品の認知度はあるので、ブランドイ

メージを押し出したＰＲや既存の顧客にダイレクトに伝えるようなものが有効です。

成熟期に入ると、市場はもう成熟し尽くしているので、イメージダウンや商品に問題が起きない限り、安定した売り上げを作ることができるでしょう。これまで投資してきた資金を他の商品に向けるなど、新たな商品の戦略を視野に入れます。とはいってもまだまだ衰退しているわけではありませんので、売り上げを維持する宣伝広告は打ちましょう。この時期になると価格競争がはじまるかもしれません。そこに参加するのもしないのも、一つの戦略として考えましょう。

衰退期に入ると、経費を削減しながら小さくなった市場でコツコツと売り上げを上げましょう。この時、重要なのは、ブランドイメージを損なわないということです。価格競争に陥り、廉価商品ブランドのイメージがつくとせっかくこれまで作ってきたブランド力を失うことになってしまいます。もちろん、それが戦略であればよいのですが……。また市場から撤退する時も注意が必要です。商品が売れなくなったので撤退するのではなく、この市場に魅力がなくなったので、成長期の新たな市場で、もっと優れた商品を展開するというイメージが大切です。ブランドイメージを新たな商品に引き継いでもらいましょう。

このようにそれぞれの時期により、とるべき戦略は異なります。商品、サービス、ブランド力に適した戦略を考えましょう。

CHAPTER 5-05

ブランド力をマーケティング拡張に活用する

ライン拡張・ブランド拡張・マルチブランド・新ブランド

ブランドの内に新たなラインを作る

無名の商品から消費者が注目するブランド力を作ることはたやすいことではありません。ですからそのブランド力を築くことができたら、その力をムダにせず、存分に活用しましょう。うまく活用できれば、それまでに投資した宣伝広告費や人件費や時間などを回収するだけではなく、もっと大きな利益を得ることができます。コトラーは、ブランド戦略を4つに分類しました。まず、既存のブランドの知名度を利用しラインを増やすライン拡張戦略があります。例えばポテトチップスの「うすしお」の人気を生かし「コンソメ」「のりしお」など様々な味の商品を出すことです。ブランド拡張は、これまでのブランド名で異業種に参入することです。例えば、コンビニエンスストアのセブンイレブンがセブン銀行を出すことです。マルチブランドは、同じカテゴリーで新たなブランドを出すことを言います。新ブランド戦略は、新たな市場に新たなブランドを投入することを指します。これら**4つの方法を駆使して、これまで築き上げたブランド力を最大限に生かしましょう。**

〈コトラーのブランド展開法〉

製品カテゴリー

ブランド名		既存	新規
	既存	**ライン拡張** コカコーラが、「コカコーラ・ゼロ」を発売したように既存ブランド名を使い、新しいラインを出すこと	**ブランド拡張** セブン&アイがセブン銀行を出したように、既存のブランド名を活用し新たな市場に出ること
	新規	**マルチブランド** ユニクロがGUを展開しているように、既存の市場に新たなブランドを出すこと	**新ブランド** 花王が飲料「ヘルシア」を発売したように、新たな市場で新たなブランドを展開すること

経営理念に反するようなライン拡張をしてはいけない。またブランド拡張では、ブランドイメージを崩さない市場を選ばなければならないのだ。さらにマルチブランドは、既存商品と顧客を取り合わない新ブランドを投入し、新ブランドでは、新市場への参入のために大きな投資が必要になることがあるだろう

ブランド戦略を成功させるために必要なこと

ブランド戦略をとる前に注意しなければならないことがあります。それはどんな状況でもミッション、ビジョンから外れないということです。あくまでブランド内での展開なので、あまりに外れるような企画であれば、違う事業として取り組むことがよいでしょう。社内ベンチャーと同じように、どんなに良い市場だからと言って経営理念に反する事業はやってはいけません。ブランド力だけではなく、顧客の信用を失う可能性があるからです。そもそもブランド戦略は、もともと築き上げたブランドの力をさらに生かすという戦略です。目先の利益にとらわれてしまうと一瞬にして砂の城のように崩れてしまうでしょう。だからこそブランド展開をすることで、これまで築いたイメージを壊すことは厳禁です。

例えば、人気菓子のライン拡張戦略を行い、消費者に好まれない商品が連発すると、もとの商品自体のクオリティも疑われたりすることがあります。しかしそれを逆手にとり、ありとあらゆる味を出してみるという戦略もあるでしょう。ただ消費者からのイメージは、以前とは変わってくると思いますが。

またブランド拡張の場合は、参入する市場が重要です。極端な話をすると、教育関連の事業をメインとしたブランドが、青少年の教育にふさわしくない市場に参入すると、当然のことながらメイン事業は大きな損害を受けるでしょう。同じカテゴリーに新ブランドを投入するマルチブランド戦略をとる際は、互いに市場を食い合わないかを考えます。同じ市場であれば、少なからず、顧客はかぶります。しかしセグメントを細分化していけば、同じカテゴリーでもターゲットが異なるので、新しいブランドの投入は効果的だという見方もあります。例えば、風邪薬は、風邪を引いた人全員を対象としています。しかし、風邪の引きはじめ、風邪を引いた後、発熱を伴うひどい風邪などにセグメントすれば、効果的です。

新たな市場に新たなブランドを投入する場合、やはり既存ブランドのイメージを壊さないことが重要です。新たな市場に参入するのに、情報も技術もなければM&Aなどで他社から事業部を組み入れればよいのですが、初期投資が大きくなるでしょう。多角化戦略の基本ですが、既存ブランド力をどの市場で生かせるのか、またはある市場で今のブランド名が広まれば、既存商品のイメージアップにもつながるという考え方もあります。ある成人向けのサイトからはじまった事業が、新ブランド戦略を使い、大成功し、健全なイメージを作り上げたケースもあるのです。

このように**ブランド戦略は、成功すれば、企業に素晴らしい成長をもたらすのですが、読み誤ると大きな代償を払うことになる諸刃の剣**です。だからこそ、ブランド戦略を練る前には、しっかりとした市場調査が欠かせません。そこで自社ブランドが、その市場に入ってもイメージは崩れないかどうか、また既存ブランドとのシナジーはあるのかを考えてみます。ただし、シナジーに関してはその事業自体がしっかりとした収益が見込めるのであれば、さほど重要視しなくてもよいでしょう。

CHAPTER 5-06

ベネフィットという思考

ベネフィット、3つのステップ

ベネフィット思考とは「ドリルが欲しいのではなく、穴が欲しい」ということ

アメリカのマーケティング学者、セオドア・レビットの言葉で有名なのが、「ドリルを買いに来た人の欲しいものは、ドリルではなく、穴だ」というものです。ベネフィット思考とは、まさにこのような顧客の便益価値を見つける方法です。

ベネフィットを大別すると、機能的ベネフィットと情緒的ベネフィットの2つになります。機能的ベネフィットとは、商品が持つ機能が重要になる場合です。これがこのドリルの話にもつながります。「なぜ、ドリルを購入するのか」というと、それはドリルを使って穴を開けたいからです。このようにその商品自体を手にすることが目的ではなく、その商品の機能を使って得られる利益を求めているケースです。2つ目は、情緒的なベネフィットです。これは商品を持つことで安心感や喜び、また満足を感じるものです。

例えば、高級ブランドのバッグや宝石など、身につけることで自分を表現しようとするものがこれに当たります。この2つのポイントからマーケティング戦略を作ってみましょう。

〈ベネフィット思考で商品を作る〉

ドリルを買いに来た人が求めているのはドリルではなく穴である

×

○

問題点を出す、共感を得る、解決策を売る

顧客の機能的ベネフィットを見つけるには、いくつかの視点で顧客の欲するものを考えてみましょう。

まず、「顧客は、どんなものを好んで、どんなものを嫌っているのか」を考えてみます。例えば、スマートフォンと言われる携帯電話は、通話はもちろんインターネットで買い物をしたり、調べ物をしたり、音楽を聴いたり、動画を見たりと様々なことができる魔法のツールになっていますが、顧客層によっては、「通話だけでいいので、複雑な機能は外してほしい」という老人や「子どもに使わせたいので、インターネットの不特定多数のサイトにアクセスできるような機能はいらない」という親などがいます。

立場が異なれば、必要なツールも異なります。多機能であればよいというものではありません。良かれと思い搭載しているものが、逆に顧客を遠ざけることになるかもしれません。**セグメンテーションをし、そのターゲットが何を欲し、何を嫌がっているのかを知ることが、ベネフィットを見つける第一歩**です。

またベネフィットとは、顧客の便益を意味するので、はじめにその商品の価値が正確に伝わらなければいけません。そのためには「商品に対して何を期待しているのか」を知ることです。提供する側がいくら戦略として行ったことでも、顧客が求めていないものであれば、何のベネフィットも感じないでしょう。例えば、企業側は、お得な商品として、砂糖や塩と同

じように1キログラムのブラックペッパーを販売したとしましょう。量が多いため、通常よりもグラム単価を下げて販売するのですが、個人消費者には売れません。当然ですよね。塩や砂糖と同じようにブラックペッパーを1キログラム使う人は少ないでしょうし、また短期間で消費できなければ、ブラックペッパー特有の辛さもなくなってしまいます。子どもでもわかるような例を出しましたが、結局、顧客が「商品に対して何を期待しているのか」を無視したものは、ベネフィットにならないということです。

そこで、ベネフィットを考えるための3つのステップを見てみましょう。

まず**「問題点を出す」**。ベネフィットは、顧客が欲しているものなので、現在の悩みや「こんなものがあったら嬉しいな」と思うものを挙げていきます。人にとって問題点を解決することは、一つの喜びです。この問題を解決するものがベネフィットになるのです。

次に**「共感を得る」**ことです。人は様々な悩みを持っていますが、その悩みに共感してくれる人を信じるでしょう。上から目線での発言や、経験したことのない人の言葉はどこか信用できないものです。だからこそ、ダイエット商品は、太った人が痩せていくというストーリーを提供するのです。顧客の心をつかまなければ、いくらベネフィットがわかったとしても商品を信じてもらえないでしょう。

最後に、**「解決策を供給」**します。これが顧客のベネフィットを考えた商品やサービス。このように顧客の欲求を見つけ、満たすものが人気商品となるのです。

効果的なマーケティング戦略は希望的観測の中ではつくられない

過去の倒産理由で最も多かったのは、「販売不振」というものです。景気の良し悪しに左右される点は多いのですが、まずしっかりとしたマーケティング戦略を構築していれば、最悪の事態は避けることができるでしょう。

東証一部上場をしていたある航空会社が昨年、民事再生法適用を申請し、今年3月手続きが終了しました。なぜ上場企業が、このような状況に陥ったのでしょうか。比較的安価に設定された運賃を武器に顧客を獲得していたのですが、競合他社との価格競争にはまり、さらに円安が進んだことで赤字に転落したのです。このとき、他に打つ手はなかったのでしょうか。もちろん、ただ手をこまねいていたわけではないでしょう。しかし効果的なマーケティング戦略が作れなかったという点は確かなのです。自社が持っているケイパビリティは変化していきます。正確には、変化しているというより、消費者が競合他社と比較し、相対的評価の中で、これまで武器になっていたものが、ならなくなっただけのことです。つまり、これまでの武器(強み)を強化し、マーケティング戦略を策定すれば、もしかしたら現状は変わっていたのかもしれません。これは、あくまで結果論ですから、企業を揶揄しているのではありません。この事例をもとに、最悪の事態を回避するための戦略を作ることが大切だと言いたいのです。希望的観測の中で戦略を立てるのではなく、事実を直視した中で考えてみましょう。

CHAPTER 6

優秀な技術戦略、生産戦略で効率化を実現

CHAPTER 6-01

セル生産方式

職人的技術を生かす

セル生産方式とは

製造業は、販売する商品を作る重要なカテゴリーです。いかに生産性を上げるか、いかに効率よく進行できるかが、重要になります。また製造工場を作ったり、そのためのインフラ整備をしたり、製造スタッフの人件費など、多くの資金がかかる部署でもあります。そのため各社ともに、いかにコストを抑えて、多くの商品を生産できるかを模索しています。その生産方法の一つが「セル生産方式」です。この方式は、**一人、または少数で様々な工程を行います**。そのため手に職が必要ですが、**一つ一つの技術をマスターする目標が従業員のやる気につながるというメリット**にもなります。その逆にベルトコンベアーを使用し、細分化された仕事のみを行う方法をライン生産方式といいます。このメリットは、仕事は非常に細かく分けられているため、複雑な作業は少なく、ＯＪＴを行うだけで誰でもできるという点です。作業自体も標準化されているので、欠員があったとしてもカバーできます。この２つを使い分けて円滑な生産業務を実現しましょう。

〈セル生産方式〉

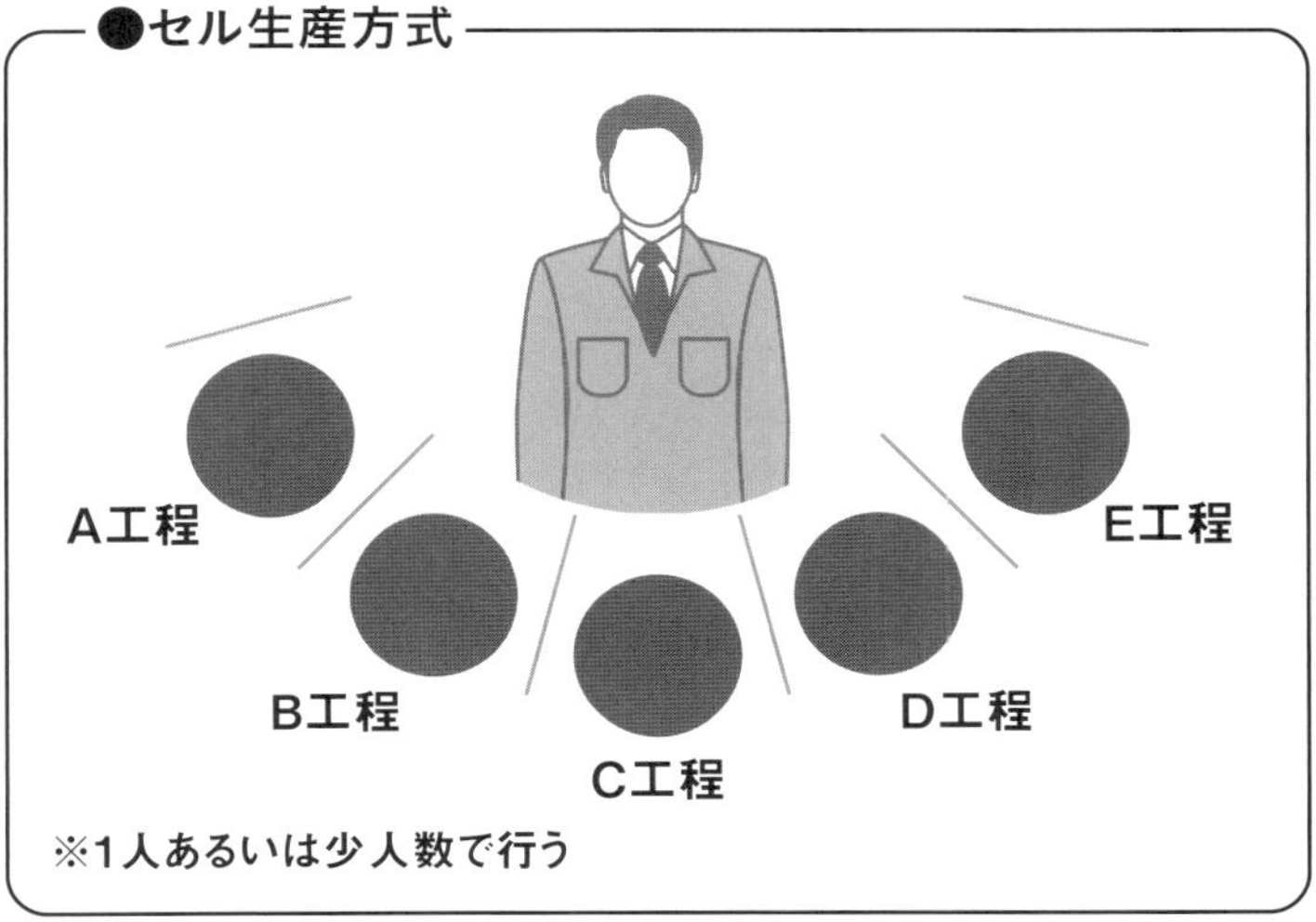
●セル生産方式
A工程
B工程
C工程
D工程
E工程
※1人あるいは少人数で行う

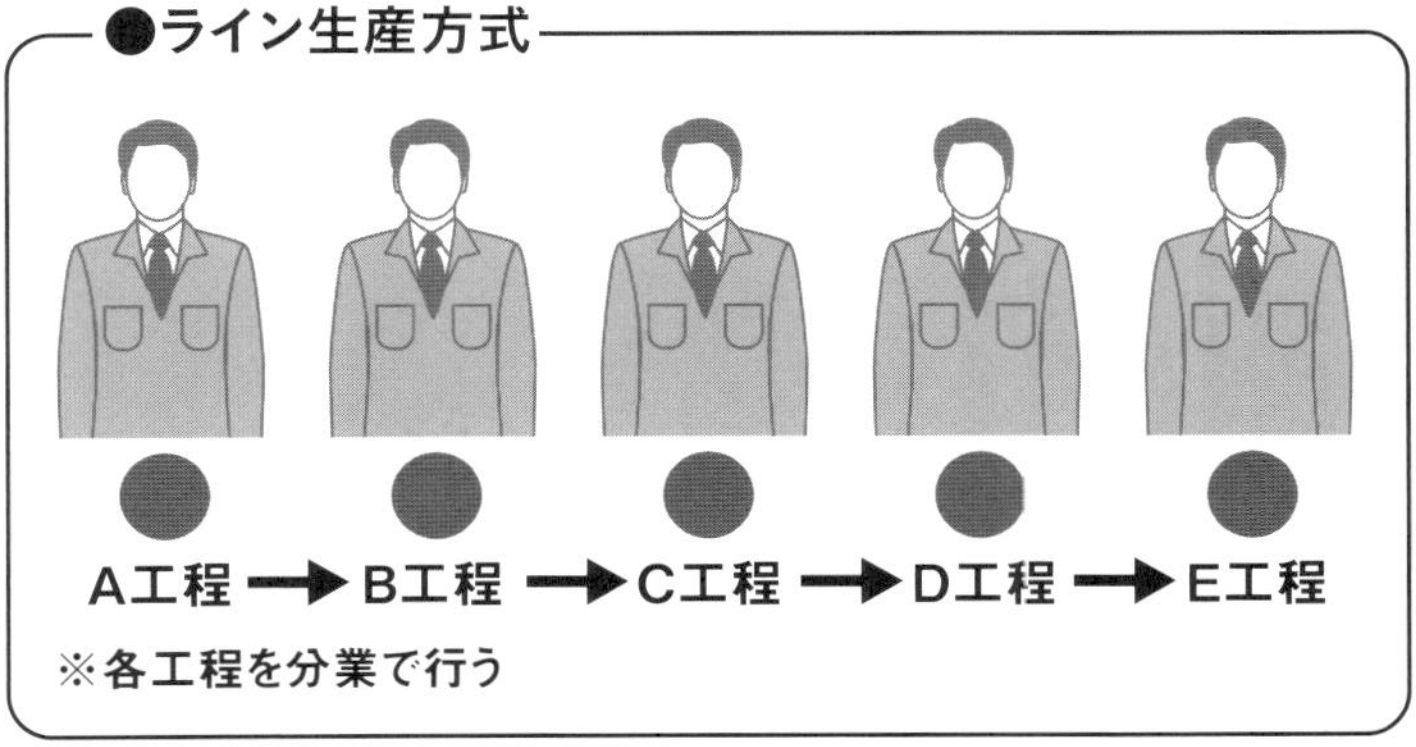
●ライン生産方式
A工程
B工程
C工程
D工程
E工程
※各工程を分業で行う

セル生産方式のメリット、デメリット

ライン生産方式は１９００年代にアメリカの自動車会社、フォードからはじまりました。日本に入ってきたのは、60年代の高度経済成長期でしたが、当時はいざなぎ景気で、車、クーラー、カラーテレビの３Ｃが新三種の神器といわれ、商品の大量生産が行われていたころです。そこにライン生産方式は導入されたのです。当時は、商品を数多く生産するために、多くの人材が必要となり、誰でも業務ができるように作業を単純化し、流れ作業ができるようにしました。メリットは、指導する時間とコストがカットできる、パーツの多い製品でもなんなく製造できるという点です。

ライン生産方式は、誰でも簡単にできる作業なので、人件費がメリット、デメリットの基準になります。同じ材料で同じ方式で同じ商品を作るには、日本でライン生産方式を行うより、人件費の安い新興国でした方が、利益が出るのです。そこで国内では、方向転換をし、高い人件費を賄っても収益が出る高品質の商品を製造するためにセル生産方式が選ばれているのです。

この方式は、トヨタ自動車の「カイゼン」を基礎として、発展させた生産方法で、90年代初頭にソニーで採用されてから、様々な業種に広がりました。現在では、**商品のトレンドの移り変わりが激しく、ライン生産方式のように、ベルトコンベアー型の大きな設備投資はリスクが大きい**のです。時代の変化に対応できるようなインフラと技術、それを生かすシステム

が必要とされています。

セル生産方式のメリットは、先述した従業員のやる気を引き出すという点以外にも、いくつかあります。その一つが**不要な在庫を抱えなくてよいように調節がしやすい**という点です。少人数で、初めから終わりまで作業を行うので、特に製造途中である仕掛品はほとんど持たなくてもよいのです。また品質改良のため部品変更もスムーズに行えます。商品を改良するために、ある作業を省いたり、新しい工程を組み込んだり、順番を変えたりしながら、柔軟性のある作業を実現できるのです。発注から納期までの生産リードタイムを最小限にすることができます。

また複数の工程を各個人が責任を持って行うため、チェック機能が働きます。ライン生産方式であれば、自分のパートにしか注力していないので、もし前の人が間違えたとしても、自分以外のパートをチェックする意識が低いため、発見が遅れるのです。その点、セル生産方式では、複数のパートを行うため、チェックがしやすいのです。

デメリットは、ライン生産方式と異なり、職人的な技術が要求されるため、誰か欠員が出ても、すぐに代わりを見つけることはできません。また熟練した技術を身につけさせる教育も重要で、後輩の育成や指導に負担がかかります。

しかし短期雇用は技術を習得できないため、長期雇用になるので、雇用者にとってはメリットとなるでしょう。

CHAPTER 6-02

ジャスト・イン・タイム

世界のトヨタが生んだ生産方式

ジャスト・イン・タイムとは

「必要なものを」「必要な時に」「必要な分だけ」生産する方法をジャスト・イン・タイムといいます。これまで多くの在庫を抱え、悩まされてきた経営者は少なくないでしょう。在庫は商品化され、出荷し、販売されて初めてお金に替わります。大量にあっても資金にはなりません。だからこそ最低限の在庫で、必要な時に商品化し、販売できれば、これほどよいことはないでしょう。そこで活用されるのがジャスト・イン・タイムです。メリットは、**在庫を最小限にし、必要な分だけ、製造し販売できる**点です。またその分、**在庫を維持する経費がかかりません**。製造業の工場だけでも維持費は相当かかります。そこに在庫を維持する倉庫代が必要となれば、非常に大きな負担になります。またその負担が価格にのれば、コストリーダーシップをとることは難しいでしょう。製品の改良がしやすいという点もメリットです。デメリットとしては、予想外の受注があった時には、在庫がないため対応しきれないこともあり、迅速な対応が求められることです。

〈ジャスト・イン・タイム方式とは?〉

メリット

・在庫をもたなくてよい
・在庫を保持する経費がかからない
・品質改良がやりやすい

デメリット

・部品が切れること
・迅速な対応が求められる

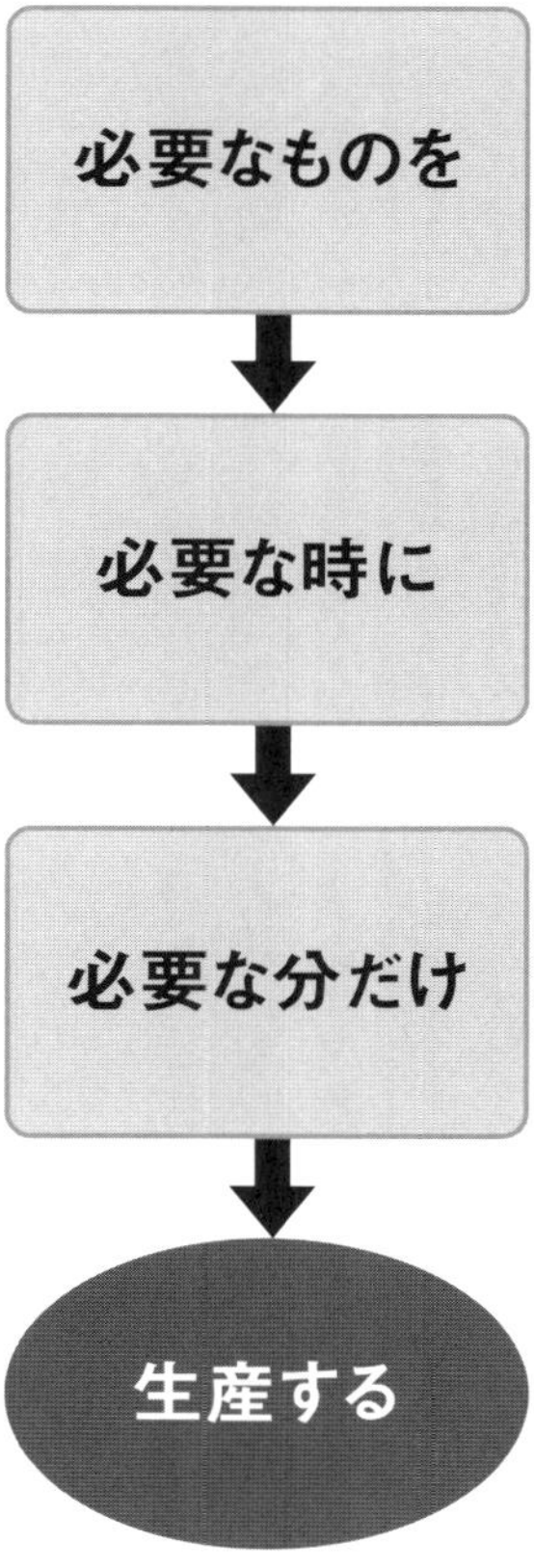
必要なものを
必要な時に
必要な分だけ
生産する

CHAPTER 6-03

サプライチェーン・マネジメント

SCMを成功させるには

効率化を実現するサプライチェーンとは?

サプライチェーン・マネジメント(Supply Chain Management、以下SCM)とは、**供給会社から消費者のもとへ届くまでを一連の流れとし、総体的に見て戦略を考える方法**です。

ポイントとしては、製造、流通などを一括管理することにより、タイムラグを減らす効果があることです。また販売から流通まで、情報が集約されるため、管理がしやすく、その分在庫を最適化することができます。繁忙期でないなら、製造量を抑えて、部品などの在庫も減らします。また売れ行きがよくなれば、生産を増やします。その際、販売状況が上がってくるために、早めに仕入れ製造をすることができます。これらの判断は、販売現場から材料の卸業者までを一つの流れとして俯瞰してみることでできるのです。さらには物流コストの削減にも一役買っています。**商品の管理が細かくできているため、いつどのタイミングで配送すべきか、どのくらいのスペースが必要なのかを考え、その際に他の商品も同時に出荷しようということもできる**のです。

〈サプライチェーン・マネジメントの考え方〉

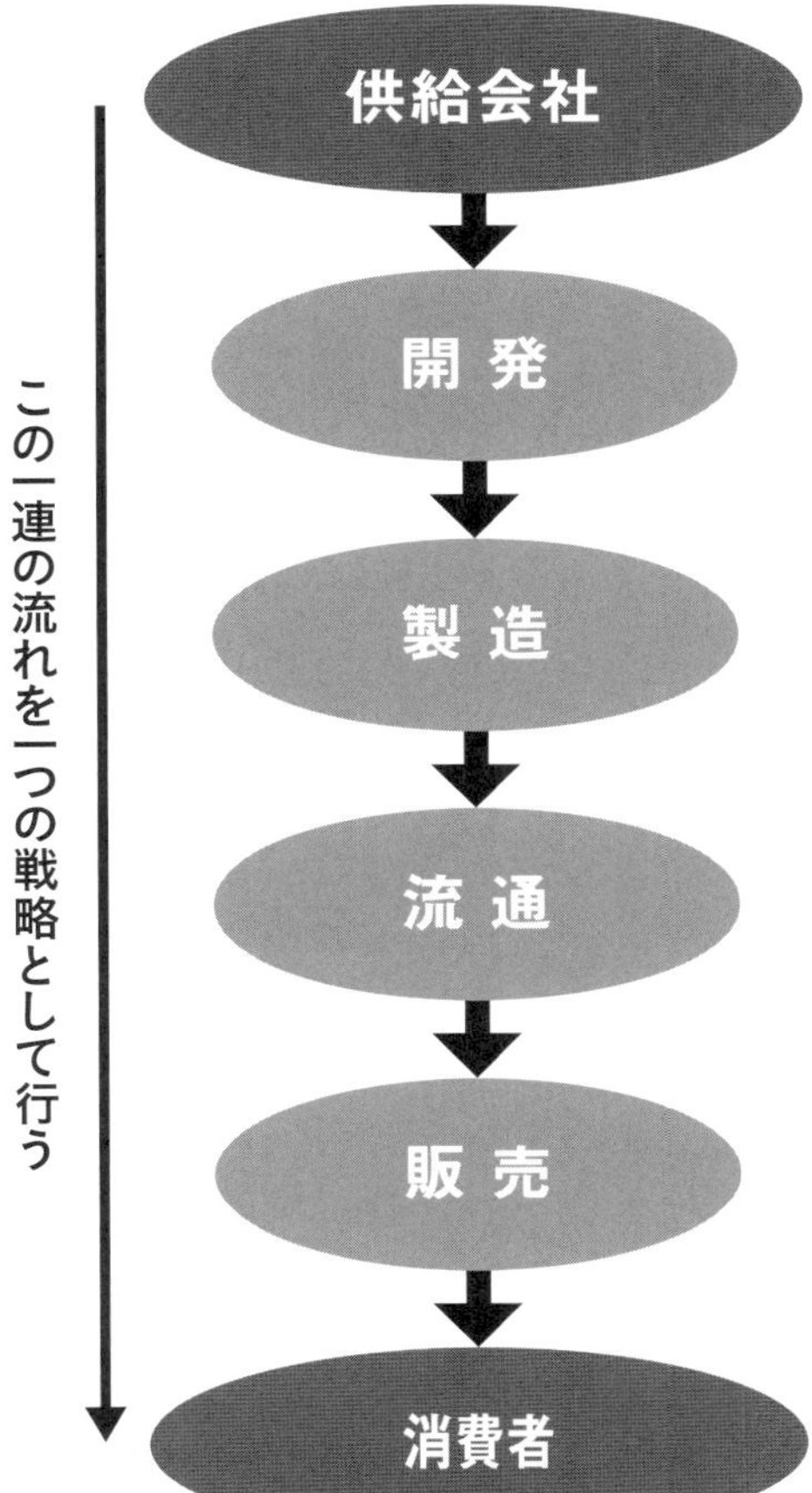

WIN-WINの関係を築くには

SCMとは、マイケル・ポーターが提唱したバリューチェーンとほぼ同じ意味で、簡単に言うとサプライヤーから消費者までの流れを、一続きのチェーンと捉えて一括管理をするのです。多くの企業では、原材料を供給する会社、製造会社、物流業者、卸売業者、小売業者、消費者といったように、消費者までの間にそれぞれ異なった会社に業務を委託するため、その状況を共有することはないでしょう。

例えば、原材料を供給する会社が、原材料の不作でこれまでのように供給できなくなったとします。すると材料が入荷できなくなった製造会社は困ります。生産を止めるわけにはいかないので、原材料を高値で他から調達しなければなりません。この生産の遅れやコスト増は、他の業者にはわからないので、それぞれが思案し、時間をロスしてしまうのです。これを一括管理したら、原材料が入手困難になった時点で、生産が遅れることを見越して、物流業者に伝えます。すると物流業者は、空けていたスペースで他のものを配達することができるでしょう。また卸業者と小売業者にもすぐに情報が流れ、顧客に伝わります。これだけで非常にスムーズに業務が行えるのです。

この考えは、**先述した「かんばん方式」の発展した形**だと言われています。どんな作業や業務でも、一つの流れとして考え、その流れをいかに円滑に進めることができるのかという発想から生まれてきたのでしょう。この発想は、後述するパソコン販売会社のデルのBTO方式にも生かされ、同社では注文から製造、販売までを一括管理しています。

デルのように自社で一連の業務を行うことができればいいのですが、そうではなく各業者が協力し合い、ＳＣＭを行っているケースの方が多いのです。

その場合、ＳＣＭといっても全部がグループ会社というわけではありません。協力会社の場合、利益や事業負担は、それぞれがＷＩＮ−ＷＩＮの関係でなくてはなりません。しかし現実は、理想通りにはいかないのです。流通経路を確保し小売業へ流すのですが、製造業者は、売れ行きのよい他の店舗に流したり、情報共有している納期に間に合わなかったり、納品数が異なったりすることもあるようです。このようなケースは、ＳＣＭの失敗パターンです。そこには資本力や生産力、販売力などの力関係が存在し、強いものが優位に立つのです。競争社会なので、市場においてはよいのですが、一蓮托生とまでは言わないまでも協力会社との信頼関係の中では、対等でいたいものです。

また協力会社との連携が強化し、ＳＣＭが定着していけば、海外への戦略にも活用できます。商品を海外の市場に投入する場合、資金力があれば、自社の店舗を出し、現地での流通を確保し、展開すればよいのですが、資金がない時は、海外の卸業者、小売業者などとＳＣＭを行うことで実現します。

ＳＣＭは場所や範囲は問いませんが、業者間のつながりは欠かせません。この戦略を通じて会社の社会的信用も築けると大変よいと思います。

CHAPTER 6-04

BTO方式

在庫を削減できる

「デル・モデル」と呼ばれるBTO方式の仕組み

BTO(Build To Order)方式とは、**受注があってから、組み立て出荷するという方法で、サプライチェーン・マネジメントの一つ**です。組み立てしやすいパソコンの注文方法でもあり、注文生産方式です。またパソコン製造販売のデルが行っていることからデル・モデルともいわれています。

メリットは、やはり完成在庫を持つ必要がないという点です。各パーツは注文が入れば、サプライヤーから入荷し生産するので、ムダな在庫はありません。

デメリットとしては、完成品ではないので、受注してから組み立て、配送になるため生産リードタイムが多少かかるという点です。しかし在庫経費の削減でコストカットができるでしょう。どちらがよいのかは消費者次第です。

ちなみにCTO(Configure To Order)とは、注文仕様生産方式で、顧客から希望する仕様が来て、見積もりのやり取りの結果、合意できれば生産するという方法です。

〈BTO方式〉

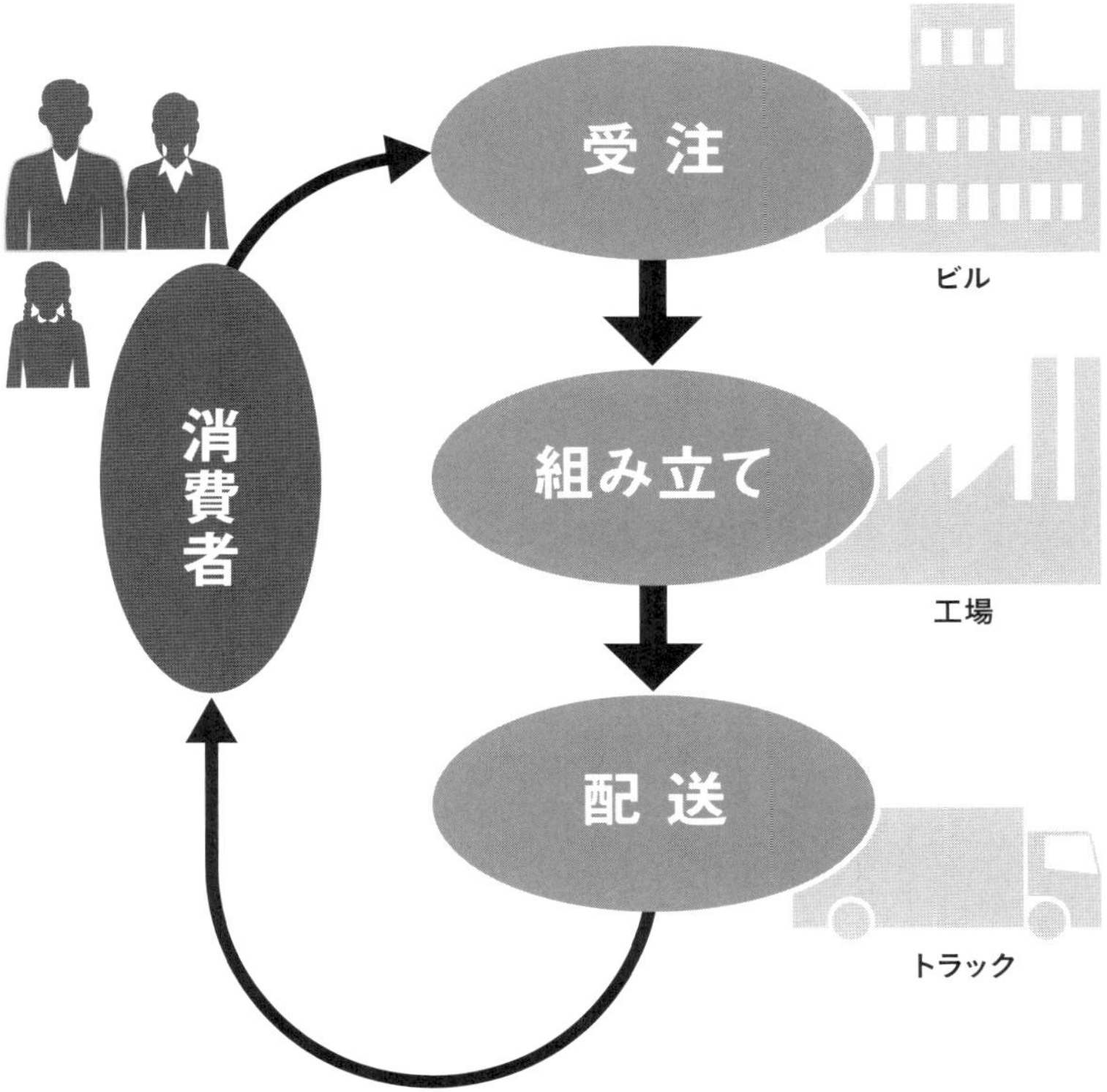

デルのBTO方式は、インターネットで消費者から注文を受けたら、すぐに商品の組み立てに入る。そこから配送し、最短納期は翌日というシステムを構築している

ＢＴＯ方式はサプライチェーン・マネジメントの一環

今やデルのＢＴＯ方式は、多くの企業が模倣しようと研究しています。デルの販売戦略は、創業当時からＢＴＯのような受注生産方式をとっていました。各パーツを取り揃え、注文が入ったら組み立てて、配送するというスタイルを行っていたのです。パソコン自体、今では、ちょっとした知識があれば、自分で組み立てる人も少なくありません。それを１９８０年代にいち早く事業として行っていたのです。

以前の店頭販売からインターネット上での受注に変更したことで、すぐに製造態勢に入ることができるようになりました。そのおかげでデメリットと言われた生産リードタイムの短縮に効果が表れています。また配送先に一番近い工場で組み立てられ配送されるため、非常に短期間で顧客のもとへ届けることができるようになりました。

現在では、どの業種もスピードを重視した戦略を練っていますが、スピードだけを重視するのであれば、完成在庫を持ち、注文が入ればすぐに発送すればよいのです。早いだけで、価格が高い商品を求める人であれば、わざわざインターネット注文でなく、店頭で買った方がよいでしょう。買ったその瞬間から使用できるのですから。当時から、「早くて高い」という市場には、すでに多くの企業が参入していたからこそ、デルは、スピードとともにコスト削減を実行するための施策、ＢＴＯ方式を考えたのでしょう。

しかしこのシステムは一朝一夕には構築できません。製造はもちろん、販売ルートの確保、物流の方法をシステム化しなければならないのです。さらに中間業者を省くことでコストを抑えます。つまりBTO方式をとるには、サプライチェーン・マネジメントを構築する必要があるのです。

逆に言えば、**BTO方式はパソコン業界以外でもサプライチェーン・マネジメント機能を持っている企業であれば、応用が可能**だということです。

自社の製品を販売するにあたって、いかに在庫を持たず、受注があってから短時間で製造し、顧客のもとへ届けることができるのかを考えてみましょう。

デルのBTO方式の特徴は、顧客がサイトから仕様を選択することができる点です。カラーリングやCPUの性能、スピード、またメモリやハードの容量などを選択することができます。デル側としては、注文が入ってから組み立てるので、持っている部品であれば、どんな仕様にもすることができます。顧客ニーズにあわせて簡単にカスタマイズできるシステムもBTO方式ならではのものです。

また、多くの企業は在庫を処分するために、価格を落とし売り払っていますが、この方法であれば、在庫がないため、在庫を処分しながら新商品を販売することもありません。古い型で使用していた部品でも、新商品の廉価版をリリースすれば、使用することができます。部品もムダにならず、在庫処分も必要ないのです。これらのメリットを自社に組み込み新しいシステムを構築することができれば、企業の成長につながるかもしれません。

CHAPTER 6-05

ファブレス経営

工場を持たないファブレス企業という選択

ファブレス企業のメリット

ファブレス企業とは、**工場(Fab)を持たない(Less)企業のこと**を指します。工場を持つということは生産から販売までを手がけることができるので、自社でサプライチェーン・マネジメントを計画することもできます。しかしその分リスクもあるのです。工場の維持やシステムの構築が円滑にできなければ、赤字になり、工場を閉鎖しようとしても、負担がかかるということです。その点**ファブレス経営であれば、設備投資もほとんどかかりません。**企画や設計を自社で行い、その案をもとに製造業者と打ち合わせをし、商品を作ってもらいます。その商品を納品してもらい、営業販売は自社で行うという方法がファブレス企業の代表的な仕組みです。自社で市場リサーチを行い、セグメントを決め、ターゲットを決めたら、商品を投入するという戦略は変わりません。その製造部分だけを他社に依頼します。製造販売を行う企業としては、初期費用もかからずローリスクで新市場に入ることができる戦略なのです。

〈ファブレス企業の仕組み〉

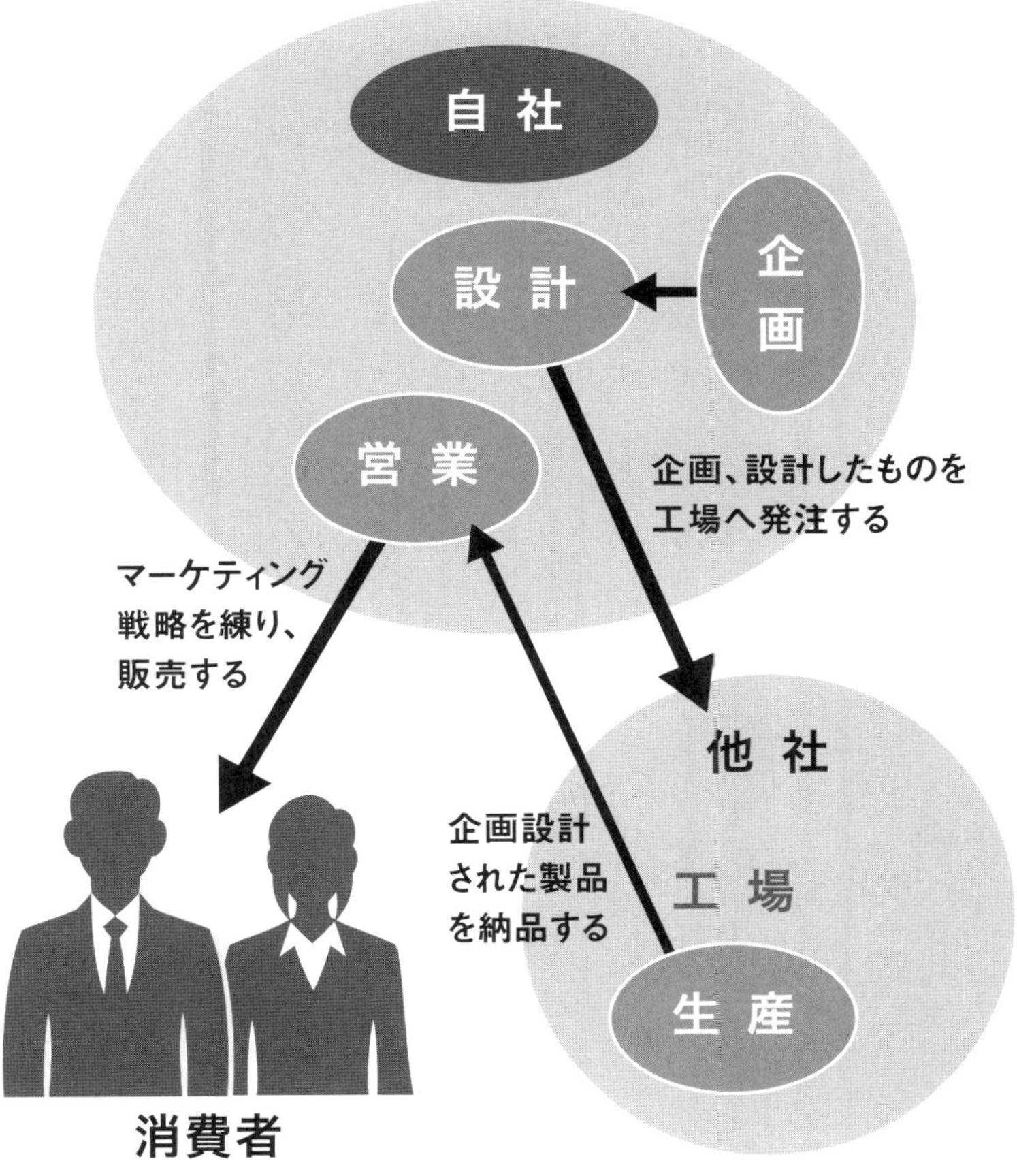

ファブレス経営は複合的な戦略を生む

ファブレス経営のメリットは、資本力が小さい企業でも市場に参入できるという点です。例えば、アイデアはあるのですが、それを製造する設備がありません。工場がないと生産できないのであれば、これほどハードルの高いものはありません。以前は、それが市場の参入障壁になっていたのですが、現在は多くの製造企業がＯＥＭを行っているため、ファブレス企業が増え、新規市場にも参入しやすくなっています。

またファブレス戦略をとれば、ブランド拡張戦略や新ブランド戦略をとるにも障壁が低くなります。ひいてはブランドの多角化に活用できるのです。多角化を実施した後、どうにも経営が成り立たなかったとしても、固定費用のかかる工場がないため、市場からの撤退もリスクは小さいのです。海外では、昔からこの経営戦略を採用している企業は多いのですが、近年、日本でもこの形態をとっている企業が出てきました。

飲料メーカーのダイドードリンコは１９７５年の創業以来、ずっとファブレス経営を行っています。コストカットされた分は、全国に自動販売機を設置する費用に使用し、そこで売り上げを上げる戦略です。その結果、売り上げの大半を自動販売機が占めているという企業になったのです。

同じく飲料メーカーの伊藤園もファブレス経営を行っています。「口に入る飲料などの製造を他の企業に任せるとは、どうなんだ？」という消費者もいるかもしれません。

『伊藤園CSR報告書2012』の中で、原料段階における残留農薬検査や香味や機器分析、微生物検査を伊藤園品質管理部と製造業社、2社で行っていると書いています。

ファブレス企業は、製造に関する全てを他企業に委ねているわけではありません。自社で管理すべきところは管理しています。さらに商品の企画や設計も自社で行うのです。つまり、製造工程部分だけをアウトソーシングしているということです。

またゲーム機器メーカーの任天堂は、これまで多くのゲームを発売してきましたが、実は工場を持たないファブレス経営を行っているのです。「Wii」に関しても、全て他社で製造された部品を使い、他社で組み立てています。そのため設備投資も維持費も在庫負担もなく、高い利益率を保ち、その利益や時間を企画や販売戦略などに向けているのです。

さらにはイメージセンサーやディスプレイなどの開発設計、販売を行っているウインテストという企業は、開発設計に力を入れるために、ファブレス経営を行っています。開発集中型のファブレスメーカーと称し、研究開発に心血を注いでいるのです。

このようにファブレス企業とは、ただ単にコストカットのために工場を持たないわけではなく、そのカットされた資金や時間を、自社のケイパビリティの強化に使用しているのです。自社の強みをさらに生かすために、削除可能なプロセスはカットします。

ファブレス戦略は、**単純に経費削減するのではなく、コストリーダーシップ戦略や差別化戦略など複合的な戦略を実現するツール**なのかもしれません。

CHAPTER 6-06

タイムベース競争戦略

スピードで勝負する

タイムベース競争戦略とは、ただ単に時間を短縮するというわけではない

「時は金なり」ということ諺が表すように時間は大変貴重なものです。それは仕事のみならずプライベートにおいても同じです。**顧客が大切にしている時間を武器にしたビジネス戦略**がタイムベース競争戦略なのです。

その市場において時間的優位性を確保するための方法です。注文から顧客のもとに商品が届くまで、競合他社より短時間であれば、時間的優位性があると言えるでしょう。同じような商品であれば、早く手に入るに越したことはないのですから。さらに製造においてもタイムベース競争戦略は実力を発揮します。もちろん製造時間の短縮は、顧客へのサービスに反映されますが、それだけではなく、人件費などのコストカットにもつながっているのです。時間の短縮を戦略とすることで、競合との差別化を実現、さらにはコストリーダーシップも可能となります。**サプライチェーン・マネジメントを確立することができれば、タイムベース競争戦略は実行しやすくなる**でしょう。

〈タイムベース競争戦略のメリット〉

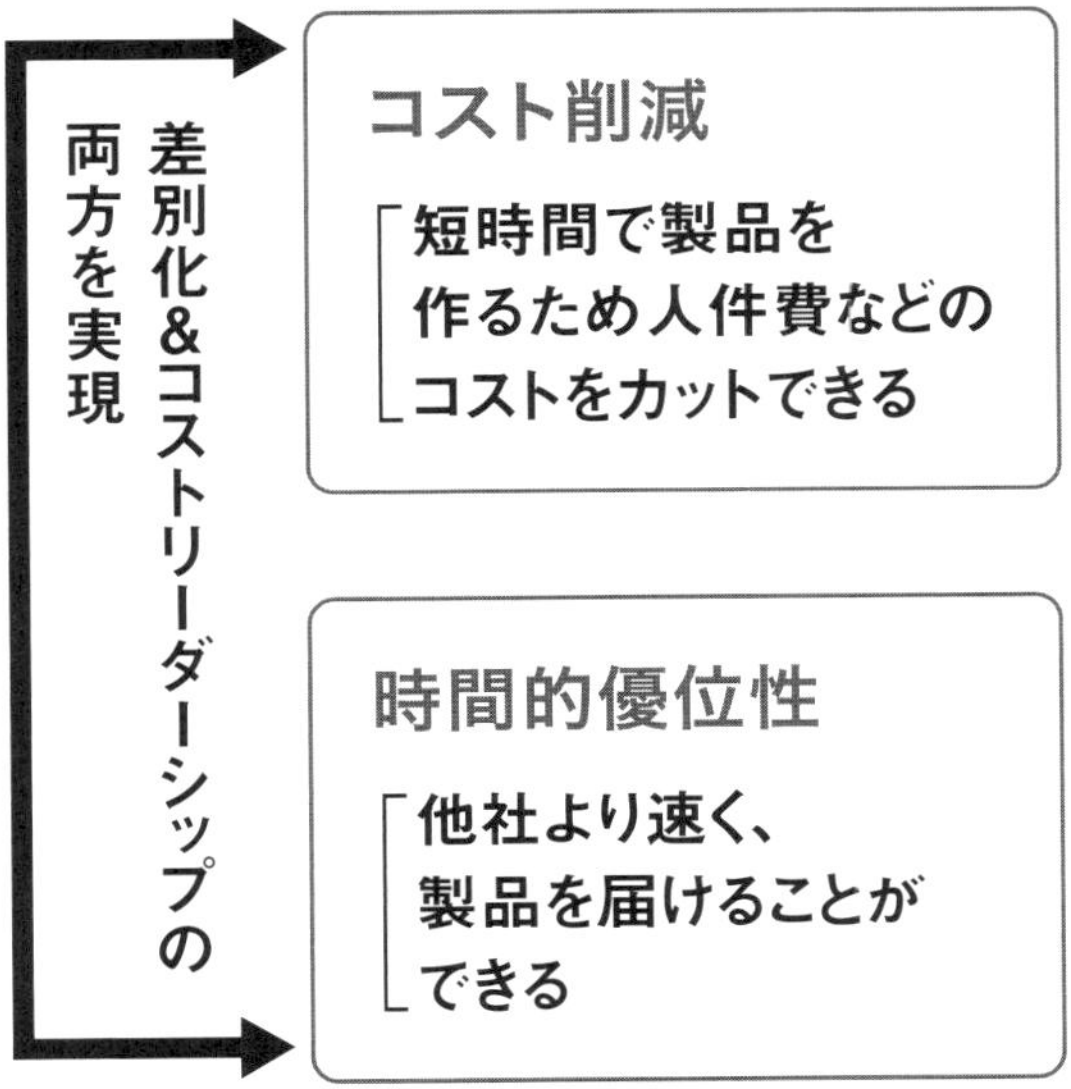
差別化&コストリーダーシップの両方を実現
コスト削減
短時間で製品を作るため人件費などのコストをカットできる
時間的優位性
他社より速く、製品を届けることができる

1980年代後半にBCGが提唱した、時間を短縮することによって市場の優位性を獲得する戦略。第二次産業が発展する中、製造業がこぞって実践をしていた。現在この戦略はあらゆる産業で使われている

宅配ピザ、アマゾンに見るタイムベース競争戦略

タイムベース競争戦略は、ケイパビリティを生かした戦略です。自社の機動力や組織力、またそれを生かすシステムの構築がなければ、簡単にはできません。パソコン販売会社のデルのBTO方式では、生産リードタイムがかかるというデメリットがありました。しかし、デルは各地に工場を作ることでその時間を短縮しようと努力しています。その結果、インターネットで注文してから、最短で翌日の受け取りが可能になったのです。その他のインターネット販売会社と比べ、時間的優位性を確保しているのではないでしょうか。

この戦略は、BCGによって提唱され、その代表は宅配ピザです。宅配ピザが世の中に広まりはじめた1980年代、市場で言えば成熟期に、多くの競合が参入しました。そこで競い合ったのは配達時間です。30分以内に配達ができなければ、無料にするという触れ込みで顧客をつかんだ会社も数多くあります。そこにはピザの注文、調理から配達まで一連の作業があったのです。まず配達用バイクで片道約15分以内が商業圏内ですから、そのエリアのみポスティングや新聞折り込み広告で顧客に知らせます。注文が入った時点でピザの具材をトッピング、ベルトコンベアーのオーブンにのせて、数分。これら全て、30分以内に商品を届けるためのシステムなのです。

今では多くの分野でタイムベース競争戦略が使われています。

インターネットショップのアマゾンは午前中の注文であれば、当日に届けるという会員

向けのサービス（地域によります）が人気を博しています。さらにタイムベース競争戦略は進み、エリア限定ではありますが、注文から最短で1時間以内に配達するというサービスまで開始したのです。顧客であれば、「便利になった」と一言で言えますが、これを実現するシステムを構築するのは非常に大変です。膨大な数の在庫を抱えるアマゾンが、インターネットで注文を受けて、商品を探し、配達するまでに1時間というのは、これまでのシステムでは実現できなかったでしょう。また海外では、ドローンを使った宅配システムも考えられています。

製造においてのタイムベース競争戦略の代表例として本田技研工業の開発システムが挙げられます。バイクメーカーだった本田技研が自動車産業に参入する時、新型バイクを開発する期間で自動車開発を行ったとのことです。これは当時の自動車産業での開発期間の半分以下でした。

タイムベース競争戦略は、**「早く商品が欲しい」という顧客の欲求を満たすと同時に、コスト削減まで実現できる優れたビジネス戦略**です。しかし実現するのは、簡単ではありません。競合他社よりも時間を短縮するためのシステム、そのシステムを円滑に運営する組織がなければできないのです。また製造業においても、人件費や固定費の削減につながる効率を重視した戦略です。タイムベース競争戦略を実現するためにサプライチェーン・マネジメントを視野に入れ、トヨタ生産方式などの模倣できる部分を自社に転換するとよいでしょう。

CHAPTER 6-07

「標準化」を目指す

一人勝ちするために

デジュリスタンダードとデファクトスタンダード

いち早く自社の製品や技術が標準化されれば、競合他社に一歩リードすることができます。そのため多くの企業は標準化を目指して企画製造しているのです。その標準化とは、大きく分けて2つあります。

1つ目が、「デジュリスタンダード」といい、**企業団体や公的な団体が規定した公的規格です。各社は、この標準化に合わせた製品を生産していく**ことになります。2つ目の「デファクトスタンダード」は、**公的標準ではなくある市場において大きなシェアを占めた企業が自社商品の仕様を標準としたもの**です。法律で定められたわけではありませんが、多くの顧客がその仕様を使っているので、異なる仕様の製品を発売しても互換性がなく売れないため、競合企業は互換性のある同じ仕様の製品を販売するのです。そうなると市場全体の製品の仕様が統一されてくるので、公的な標準化になることもあります。デファクトスタンダードをとることでデジュリスタンダードになるということです。

〈2つの"標準化"〉

デジュリスタンダード

(公的標準)

ISO(国際標準化機構)、IEEE(アメリカ電気電子学会)など公的な団体が規定した公的規格。一度決まれば、各社は、この標準化に合わせた製品を生産していくことになる

(例)ISO9000、IEEE 802.3(有線LANに関する標準規格)などがある

デファクトスタンダード

(事実上の標準)

公的標準ではなく、ある市場において大きなシェアを占めた企業が自社商品の仕様を標準としたもの。法律で定められたわけではないが、市場においてのパワー関係により成立する

(例)VHSビデオ、ウィンドウズなどがある

VHSとベータの「標準化」争いから学ぶ「標準化のメリット」とは

これまで標準化を巡って、多くの企業が戦ってきました。代表的な争いが、映画『陽はまた昇る』にもなったビデオデッキの標準化争いでしょう。

日本ビクターが開発したVHSは、松下電器産業、シャープ、三菱電機などが採用し、ソニーが開発したベータマックスは東芝や三洋電機などが支持していました。仕様を欧米企業に無償でオープンにすることでVHS仕様の製品が市場を席巻しVHSがデファクトスタンダードになったのです。当時は、多くの開発資金をつぎ込み不眠不休の中、やっと開発できた技術を無償で公開することはあり得ませんでした。競合他社にまねをされたら自社の商品が売れなくなるからです。しかし、世界で市場を広げるには、参入障壁をなくさなければならないのです。松下幸之助は、すぐにその策を選び、標準化を勝ち取ったのです。

その後、日本中で一大ブームとなった任天堂のファミリーコンピュータとソニーのプレイステーションの戦いもありました。1980年代初頭に発売されたファミリーコンピュータは、子どもたちだけではなく当時の大人も魅了し、社会現象となるゲームソフトまで発売されたのです。その市場で後発のプレイステーションがなぜ勝てたのでしょうか。それはCDによるコストカットや生産リードタイムの短縮などの条件がありましたが、一番大きな理由は、任天堂はソフトメーカーを囲い込んだのに対して、ソニーはソフト開発をオープンにし、参入障壁を取り除いたことにあるのです。

またパソコン市場ではアップルとマイクロソフトの戦いがありました。アップルは自社製品だけに独自のOSを搭載し、他の企業が製造するパソコンには提供しません。だからこそマイクロソフトはOSをデファクトスタンダードにすることで世界的に大きいシェアを手に入れたのです。

このように見てみると、標準化を求めすぎて、利益を確保しようとすればするほど、この戦いに負けているように思えます。松下幸之助のように消費者のことを考え、多くの企業が同じ仕様を活用できる方法を実行することが、ひいては市場、また自社のためになるのではないでしょうか。

企業は標準化を手に入れようと躍起になって戦うのですが、その中で一番損害を被るのは、一般消費者です。私たち消費者は、企業が作ったものを活用するしかないのです。企業同士の標準化を巡る戦いの最中は、互換性のない商品が出回り、決してよいとは言えません。携帯電話やパソコン、その付属品など互換性のないものが非常に多く、消費者としては、すぐにでも標準化を願うばかりです。

このように、**標準化を得ることは、その市場において非常に優位な立場をとることができるのですが、次々に市場が変わっていく昨今では、消費者のことも考えなければ、そのうち利便性の高い代替商品に取って代わられることでしょう。**標準化だけが、企業にとって最大の武器ではないということなのです。

生産戦略の策定時は従業員や業者との関係を一番に考える

「時は金なり」とは、Time is money（タイムイズマネー）を和訳した慣用句です。いつの時代も時間の大切さは変わりません。生産戦略の主な考え方は、戦略により生産効率を上げ、コストカットを実現し、利益を出すということです。この戦略は機能戦略の一つとして、売り上げに直結するものなので、マーケティング戦略や研究開発戦略と同じように社員が活用しやすいものでなければならないのです。

セル生産方式やジャスト・イン・タイムなどの戦略をとったとしても、現場で混乱をきたすようなシステムでは意味がありません。

例えば、セル生産方式では、個人の能力が重要なため、はじめに技術力の高い社員を採用しなければ、戦略としては成り立たないのです。またジャスト・イン・タイムでは、必要なものを、必要なときに生産できる業者の確保やシステムを構築する必要があります。何事も方式や枠組みだけでは、十分に機能しないのです。生産戦略を考えるときに、自社にその能力があるのか、またないのであれば、どのようにカバー、補強するのかを考えましょう。機能別戦略だからこそ、社員の資質を十二分に考えて策定しなければならないのです。またサプライチェーン・マネジメントも同じです。各業者との良い関係を構築し、互いにメリットを享受しましょう。自社だけが大きな利益を得るシステムでは、長くは続きません。生産戦略は、業者間の関係も考慮した中で作っていきましょう。

CHAPTER 7

新たな戦略で業界を牽引する

CHAPTER 7-01

イノベーションこそが経済を変動させる

イノベーションがライフスタイルも変える

イノベーションとは何か？

イノベーションとは、新しい発想で、新たなものを生み出すことを指します。近年、この言葉は、日本のみならず世界中で使われています。それほど社会が革新的なものを求めているのでしょう。そのイノベーションは大きく次の４つに分けられます。

創造的イノベーションとは、これまで持っている技術やシステムを使い、商品を改良し、新たな市場に投入するもの。既存の市場ではあたりまえのものでも、ちょっと視点を変えるだけで革新的な商品になるのです。

構造的イノベーションは、これまでの常識にとらわれず、斬新な商品で未だ存在しない市場を開拓するものです。

通常的イノベーションは、既存の市場に、これまでの商品の品質を上げて投入したり、コストダウンを実現するなどして進化させること。商品のバージョンアップなどに当たります。

革命的イノベーションは、既存の市場で新たな技術を駆使した商品を投入することです。

〈イノベーション・マトリクス〉

既存技術 ←→ 新技術

新市場 ↕ 既存市場

	既存技術	新技術
新市場	**創造的イノベーション** 既存の技術やシステムを使い、商品を改良し、新たな市場に投入することなど (例)ヘッドフォンステレオや家庭用テレビゲーム機	**構造的イノベーション** 常識にとらわれず、斬新な商品で未だ存在しない市場を開拓することなど (例)飛行機やコンピュータ
既存市場	**通常的イノベーション** 既存の市場に、商品をバージョンアップして投入したり、コストダウンを実現することなど (例)技術、生産段階による安価で高品質な製品の提供など	**革命的イノベーション** 既存の市場で新たな技術や革新的なシステムを駆使した商品を投入することなど (例)アナログ商品からデジタル商品へ移行

市場の選択と技術力を総合的に判断して、イノベーションを行うためのマトリクス。イノベーションを行う際は、どのカテゴリーに所属するのかを確かめ、競合他社の商品と圧倒的な差別化を図る

イノベーションがライフスタイルも変える

グーグルの幹部が、「イノベーションとは、新しい技術だけではなく、意外性も必要である」といっているように、イノベーションという以上、既存の商品をただ単に進化させただけでは、納得のいかない人も多いでしょう。マックやアイフォンの生みの親、スティーブ・ジョブズはイノベーションの申し子のように評され、人気を集めました。それに感化されたのか、若者の中には、既存の社会のシステム自体をイノベーションしようと立ち上がる者もいます。

このようにイノベーションという言葉には、技術革新だけではない、期待と夢が詰め込まれているように思えます。

それでは、実際のイノベーションの商品やサービスを見てみましょう。

電話なのにプッシュボタンがないというアイフォンは、まさにイノベーションです。これまで電話には必ずボタンがついていました。今でこそ当たり前になりましたが、ボタンのない電話という発想、またそれを実現する技術は革命的イノベーションです。

またパソコンは構造的イノベーションです。パソコンが一般社会に浸透するまでは、今とは全く異なるライフスタイルだったのです。以前は、勉強の調べ物をするなら、辞書か事典、書籍でしたが、今ではパソコン、スマートフォンで簡単に情報を手に入れられます。また、足を使い出向かなければ人との出会いはありませんでしたが、今ではパソコンで地球の裏側にいる人とでもコミュニケーションをとることができるのです。構造的イノベーションは、人の人生構造まで変える力を持っています。

さらには、コミュニケーションツールの発展とともにトレンドの流れはスピードを増していますす。企業としてもシステムや商品のイノベーションをしなければ、生き残っていけないのです。ジョブズがいた頃のアップル社は、「次はどんなサプライズ商品を見せてくれるのだろうか」と消費者を魅了していました。それは常に商品のイノベーションが行われていたからでしょう。その魅力が購買意欲につながっているのです。

ではイノベーションは、どのようにしたらできるのでしょうか。

まず、独自性の強い意見が必要です。ステレオタイプではダメです。そして飽くなき探究心がなければなりません。どんなに周りが理解してくれなくてもとことん追求していくことです。

しかし**最も重要なことは、きちんと時代の流れを見ていること**です。自分の頭の中だけで生活していたのでは、現実社会でイノベーションを起こすことは難しいでしょう。

今後もイノベーションは、企業から、消費者から、社会から求められるでしょう。企業からは、イノベーションを生み出せる柔軟な発想力と論理力を兼ね備えた人材が求められます。社会構造の形とともに人のライフスタイル、それに伴う倫理道徳もイノベーションされるかもしれません。

CHAPTER 7-02

イノベーションサイクル

イノベーションが起こる市場状況

「不連続」のS字カーブがイノベーションの成功ポイント

イノベーションを起こすためのS字カーブは、製品ライフサイクルと同じようにイノベーションが起こる商品やサービスのライフサイクルを表しています。導入期、成長期は、他の商品と同じようなグラフになっています。成熟期に入ってくると、多くの企業が参入しているため市場がぎゅうぎゅうです。技術も価格も同じような商品が増え、コモディティ化が進んでいます。この時点から**曲線は少しずつ緩やかな下降へと入っていくのですが、ここでイノベーションが起きるとよい**のです。

イノベーションは、これまでの商品とは一線を画すため、新たな曲線を描きますが、既存の技術を応用したり、他の技術を転用するので、ある程度の見込みは計算できます。また新しい機能を搭載することで、これまでにない顧客を確保し、市場は広がっていくのです。製品ライフサイクルの山なりのグラフと異なり、不連続なS字が並んでくるところが特徴です。そのS字がどんどん連なっていけば、さらに大きな市場になっていくでしょう。

〈イノベーションのS字曲線〉

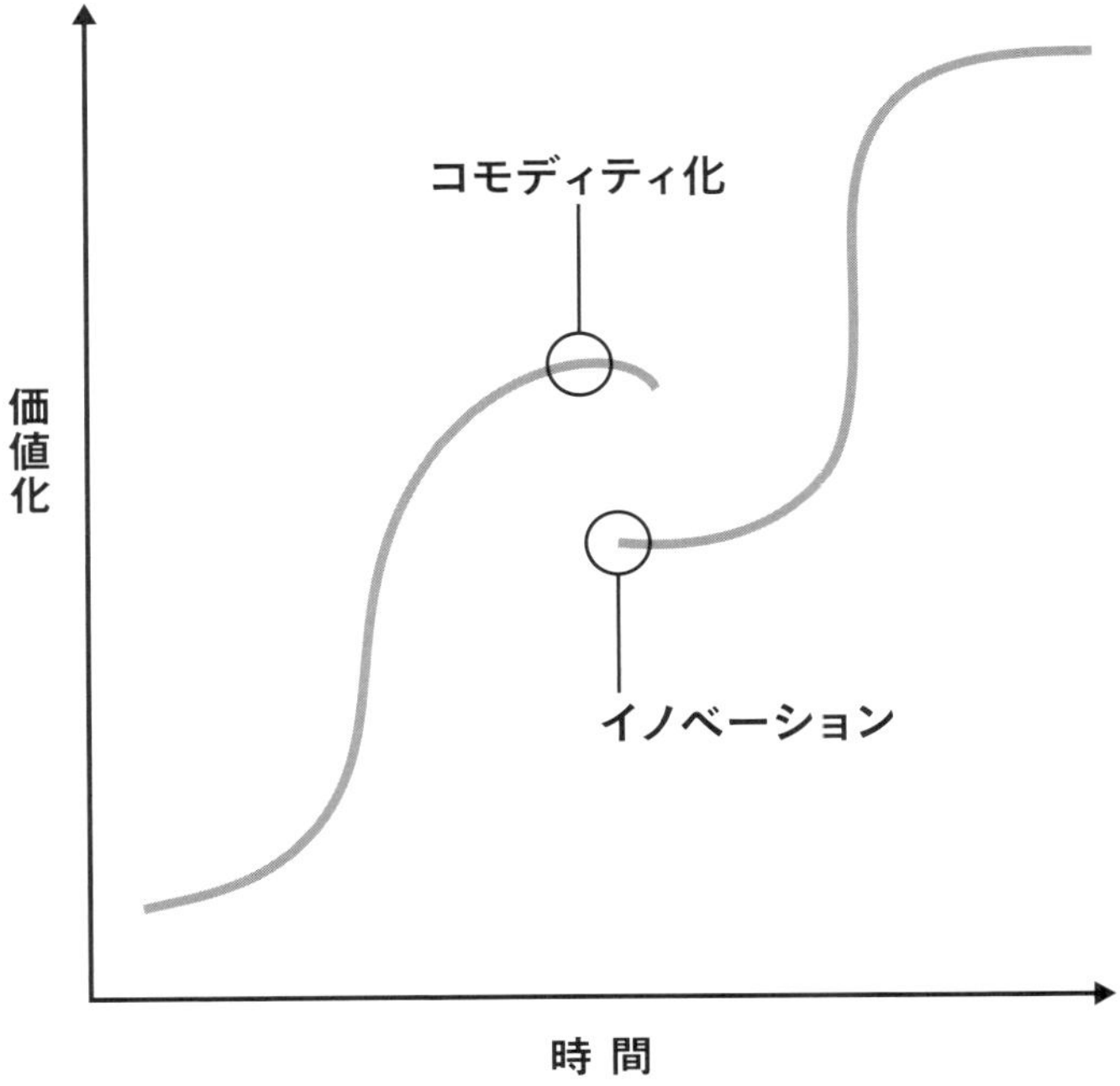

このS字は「技術のS字カーブ」と同じ線を描く。市場において商品のコモディティ化が進む前に、イノベーションを起こす。この繰り返しで市場は伸びていくのである。市場が落ち込んでから、開発をはじめたのでは非常にリスクが高いので、既存商品が成熟期に入る前に、新たな商品開発をしなければならないのだ

事業も企業も生き残るならイノベーションが必要

イノベーションは、既存の商品やサービスをより革新的に進化させることなので、既存の商品の直接的なつながりはなく、グラフで表すと不連続になります。この不連続のS字カーブを描くことができれば、イノベーションにより市場は成長していくことができるのです。まず新商品の導入期は、その商品が売れるのかどうかわからない状態なので、イノベーションという発想はありません。目の前の商品を売ることに注力します。試行錯誤しながらも商品が売れていけば、成長期に入ります。この時期は、技術力や販売促進力に自信が生まれてくるでしょう。これを一つの成功例としてとっておきます。

成長をし続けるうちに、市場も大きくなりだんだん停滞してきます。それが成熟期です。この前にイノベーションを考えておきたいものです。成熟期は秋のようなものです。次には寒い冬が待ち構えています。イノベーションは、この秋を初夏に戻すような戦略なのです。そのためにも成長期の成功体験をもとにしたり、また異業種からヒントやアイデアをつかみ、そのアイデアを転用したりして新たな商品やサービスを作ります。

しかしそう簡単に斬新なアイデアを形にできれば、企業が倒産することはありません。難しいからこそ、なかなか実現できず消えていく企業もあり、イノベーション自体に価値があるのです。どんなイノベーションでもかまいません。市場全体を見渡し、隙間があれば、そこが狙い目です。

これは何も商品に限ったことではなく、企業も同じです。企業も、製品と同じようにライフサイクルがあります。**事業や会社全体をイノベーションしながら伸ばしていく**のです。伸ばすというより、進化していくという方が近いかもしれません。企業は創業から、成長を続けますが、市場が成熟して衰退期に差しかかると会社として転換期に入ります。この時、うまく転換できなければ、製品ライフサイクルと同じ運命を歩んでいくことでしょう。自社の事業が成長期なので、「新たな事業の戦略は、まだ先でいい」と思っていますが、過渡期を迎えてから著しく変化するかもしれません。だからこそ事業や会社の流れを俯瞰してみる力は必要なのです。この時ＰＤＣＡサイクルをはじめとするフレームワークで自社を分析することが大切です。灯台下暗しというように、自社ではなかなか気づかないことがあるでしょう。その際に今まで培ったケイパビリティや他社に負けないコア・コンピタンスを新たな分野に置き換えてみるとイノベーションができるかもしれません。場合によっては、ドメインを見直すことも必要でしょう。

企業のライフサイクルは、創業、成長、安定、成熟、衰退の５つのフェーズに分けられますが、流れは製品と変わりません。**各事業で考えるならば、成熟期に入る前に、次の事業やイノベーションを視野に入れて戦略を練りましょう。**

このようにイノベーションを起こすＳ字カーブの考え方は、商品、技術、システム、企業など様々な分野で参考にすることができます。

破壊的イノベーション

商品機能を落とすというイノベーション

市場の成長に伴い、各社の製品の技術や品質も成長していくのは当然のことと思っている人も多いでしょう。まさに市場の競争原理から言えば、品質の向上がなければ、代替商品に取って代わられたり、競合他社の高性能な商品に市場を奪われたりします。しかし**破壊的イノベーションとは、成長の市場にある中で、一時的には品質を落とし、低価格で販売されるというイノベーション**です。このような廉価商品は、これまでの顧客以外に新たな顧客からの支持を集める作用があるのです。

左の図のように、主流の顧客を集める商品のグラフと安価であれば性能は二の次だというローエンドのグラフがあります。点線の間が、両方の顧客が製品に求める性能です。その最低ラインをクリアしていれば、市場で支持される可能性を持っているということです。**安価であれば、最低限の性能で構わないという顧客は意外に多い**のです。破壊的イノベーションが起こることで市場は大きくなっていきます。

〈破壊的イノベーション〉

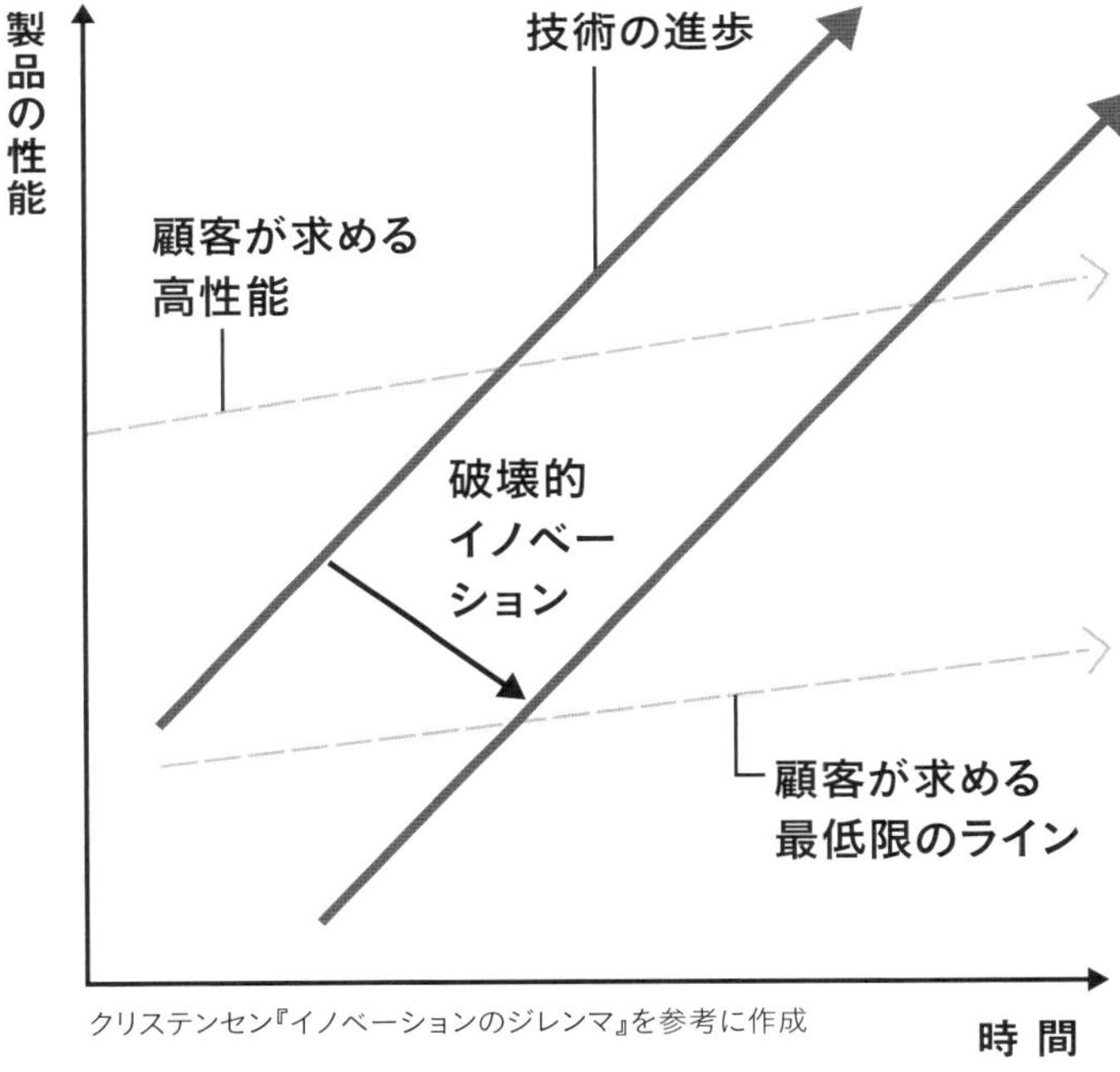

クリステンセン『イノベーションのジレンマ』を参考に作成

グラフの通り、時間軸で見ると同じ時期に性能の高いものと低いものが登場している。性能の低いものはそのまま顧客を増やし、いずれ既存の商品に取って代わるだろう。既存の商品は、既存の顧客を確保しているが、破壊的イノベーションを起こした商品は、新たな顧客を市場に連れてきて、市場を広げる力を持っているのだ

破壊的イノベーションは中小企業のチャレンジ戦略

破壊的イノベーションは大きく2つに分けることができます。

1つ目は、ローエンド型破壊的イノベーションです。このイノベーションは、市場の成長とともに高品質化、高性能化していった商品に魅力を感じない顧客を対象としています。必要な機能のみがあれば、複雑な機能はいらないので安価な方がよいという人の支持を集めています。激安航空チケットを武器として市場に参入してきたLCCがこれに当たります。各社サービスの向上を目指ししのぎを削っていた航空業界で、最低限のサービスしかしないが、価格は一気に下げてあげるという、まさにローエンド型破壊的イノベーションです。旅慣れている人は、いちいち手厚いサービスなど必要なく、安価で何度も飛行機を利用できる方がよいという人も少なくありません。また若者のバックパッカーも価格に魅力を感じるでしょう。

一方、新市場型破壊的イノベーションとは、一時的に品質を落としたとしても、これまでにない機能を搭載することで新たな顧客をつかむというものです。例えば1980年代後半に大ブレイクしたソニーのウォークマンは、音質は当時のステレオに劣りますが、音楽を携帯できるという新しい発想を形にすることで、新しい価値を顧客に気づかせたのです。一時的には機能を落としても、長期的に見れば、素晴らしい発展を遂げました。ウォークマンの存在のおかげで、アイポッドなどの携帯型デジタル音楽プレイヤーが生まれたのだと思います。今では高品質の音楽を携帯できる社会になったのです。

ウォークマンの新市場型破壊的イノベーションをクレイトン・クリステンセンは自著『イノベーションのジレンマ』の中で、「無消費」に対するイノベーションだと提唱しています。つまり性能を落としたとしても、既存の消費価値と異なる新たな消費価値の提案で顧客をつかんだということです。

これまで技術革新とともに市場を引っ張ってきた大手企業は、技術革新に誇りを持っているため、破壊的イノベーションを行うのは難しいのです。

では、破壊的イノベーションはどのようにしたら起こせるのでしょうか。

破壊的イノベーションに限らず、すべてのイノベーションを起こすために一番重要な「好奇心」は、忘れてはいけません。そこから既存の市場にある既存の商品を俯瞰してみましょう。大きな技術革新は要りません。**これまでの忘れられていた需要や古き良き文化を思い出してみましょう。そこに何かのヒントがあるかもしれません。**また高機能商品を使いこなせない年配者や子どもが実際何を求めているのかを考えてみます。私たち大人の目線では、なかなかそこに目がいかないこともあります。多くの人から生の情報を集めるのもよいでしょう。大手企業が手を出しにくいからこそ、中小企業やベンチャー企業が率先して破壊的イノベーションを起こしてもらいたいものです。そこからさらに大きな市場へと広がっていくのですから。

CHAPTER 7-04

オープンイノベーション

市場の成長に欠かせない

市場を成長させるオープンイノベーション

イノベーションの方法には2種類あります。1つ目がオープンイノベーションといい、1990年代後半にアメリカではじまった**社内の発想と社外のアイデアを組み合わせることで、革新的な企画に変える方法**です。柔軟性のあるアイデアを生かし、時には社内からスピンアウトベンチャーを立ち上げることもあります。スピンアウトベンチャーとは、社内から飛び出し新たなベンチャー企業を立ち上げることです。これを抑制するようでは、市場が伸びません。社外からのアイデアを社内で活用する以上、オープンな心で受け入れることも重要です。素晴らしいアイデアを生かし、市場を広げることもイノベーションの一つです。

2つ目のクローズドイノベーションは、**市場を自社で独り占めし、情報公開もしない閉ざされたもの**で、オープンイノベーションの対義語として使用されます。このままでは、市場は縮小するか、またポーターのファイブフォースでいう代替商品に乗っ取られるか、下請け業者が参入してくるかのどれでしょう。

〈オープンイノベーションとクローズドイノベーション〉

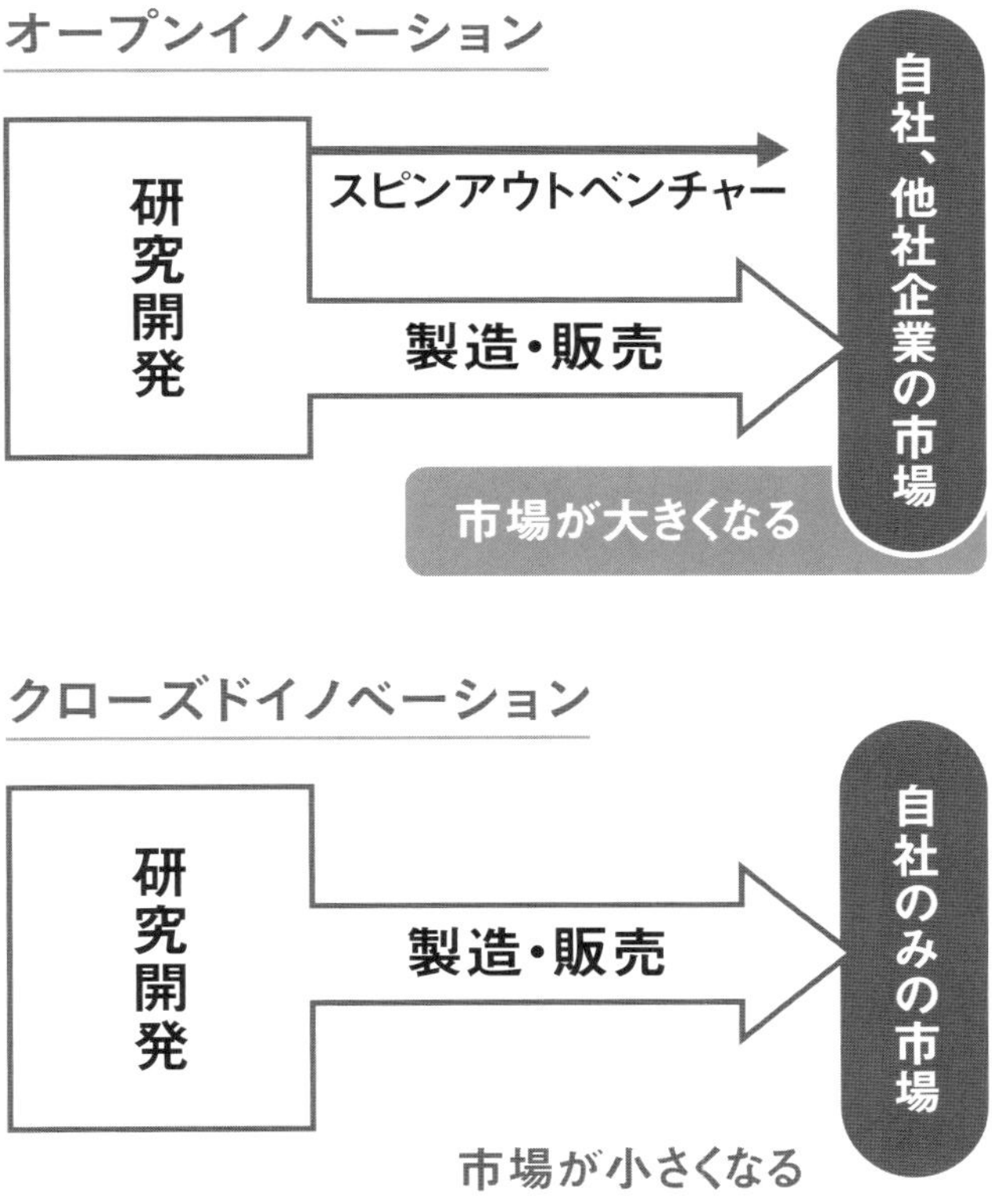

オープンイノベーションは、市場を広げ、
クローズドイノベーションは、市場を狭める

ヘンリー・チェスブロウ『オープン・イノベーション』を参考に作成

オープンイノベーションは市場の成長に欠かせない

オープンイノベーションの特徴を見てみましょう。

オープンイノベーションのメリットは、**社外の企業や団体と協働してプロジェクトを推進できる**点です。どうしても社内だけの視点では見えないものや、出てこない発想がありますす。その発想力を補足したり、刺激したりしながら、新しい企画を生み、革命的イノベーションは実現するのです。

例えば、ある大手広告代理店には、異業種が集まった特別なプロジェクト集団がありま す。他社の社員やフリーのクリエイターなどが集まり、一つのプロジェクトを行うのです。自社ではなく、また業種も異なると、一つの問題に対しての視点が違います。だから組織は活性化するのです。技術職の人は、日々専門的な分野の知識を詰め込んでいますが、そこに全く本人にはない発想や視点が入ってくるのです。さらにはその知識や情報は自分の見識と交わり、新たなアイデアに生まれ変わるのです。そこからイノベーションははじまりま す。これがまさにオープンイノベーションの形なのです。

もちろんメリットだけではありません。デメリットとしては情報管理の難しさが挙げられます。社外の人が関わっているため、秘密保持の契約書を交わしたとしても、守られているのかどうかは確かめようがありません。もちろん初めから疑っているのであれば、参画させなければよいのですが、それではオープンイノベーションははじまりません。実際の情報管理は非常に難しいのです。また成果を分配するため、会社として大きな利益は上げにくいという点もデメリットです。オープンイノベーションを行う上で重要なことは、組織作りです。どのようなスケジュールで打ち合わせをし、役割分担をどう決めるのかなど、社内外混合だからこその難しさはあるのです。

一方、クローズドイノベーションは、かつて日本が、液晶テレビやカーナビの市場で行っていた方法です。行っていたというより、市場を他の企業に渡すまいという思いが、結果、このような形になってしまったのかもしれません。今は市場を他の国の企業にとられてしまいました。閉ざされた市場で、どのような失敗をしてしまったのでしょうか。

まず、視野が狭くなり、国内市場を中心に考えてしまったという点です。新興国を中心としたグローバル戦略をとることができず、結果韓国や台湾などのアジア企業に市場をとられてしまったのです。また市場を独占しているせいで、市場をとられるという意識が薄かったのかもしれません。その間、フォロワー企業として市場に入り、粛々と技術、システムを模倣してきた企業が成長してきたのです。やはり、一時、市場を独占したとしても、自社だけでは、消費者の欲求を満足させることはできないのでしょう。

だからこそ**オープンイノベーションで自社と競合他社が切磋琢磨し、自社のアイデアではなく、他社、また他の団体や学校などの発想も借り、イノベーションを起こしていく**ことが市場の発展、ひいては自社の発展につながるのだと思います。

CHAPTER 7-05

リバースイノベーションで市場を広げる

新興国へのビジネス戦略

リバースイノベーションとは

リバースイノベーションとは、先進国で生まれたイノベーション技術をそのまま新興国に輸出するのではなく、新興国向けに開発させるという考え方です。時間の流れは世界各国同じですが、商品やサービスの成長は、場所によって異なります。先進国の市場では多くの企業が切磋琢磨し成長します。それとともに企業の技術やシステム、そこから生まれる商品のクオリティも上がってくるのです。その市場ではコモディティ化したものでも、海外のまだ開けていない市場に投入すると、それは斬新な商品になると思いがちです。商品とは先進国の文化の中で生まれたものであって、新興国の経済状況や文化を考慮しなければ、現地の顧客が満足するものは提供できないでしょう。**まだライバルの存在しない新興国でブランド展開をするならば、しっかりと現地の市場調査をして、その市場にあったイノベーションを起こし、恐れることなくチャレンジしましょう。**そうすれば現地では新たな市場のパイオニアとなるかもしれません。

〈リバースイノベーション〉

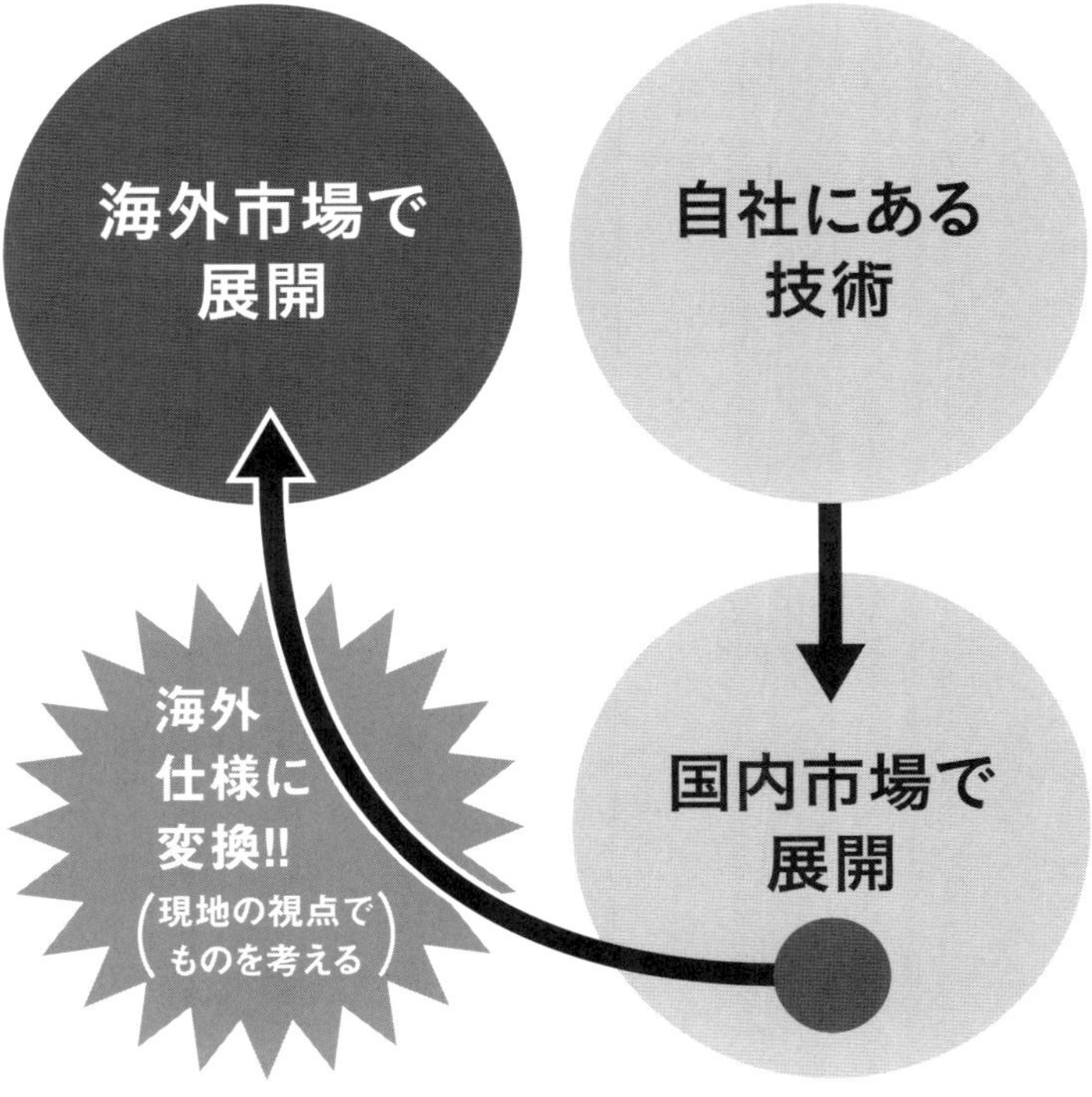

新興国へのビジネス戦略

新興国への企業進出は、これから先さらに注目される。そのためには現地の文化や風土を一番に考え、市場・顧客中心の商品開発、販売戦略が求められる

リバースイノベーションを行う上で重要な5つのギャップ

現在、新興国の市場は急速に発展し、多くの先進技術を持った国々が参入しています。しかし単に先進技術を持っていくだけでは、失敗に終わると『リバース・イノベーション』(ダイヤモンド社)の著者、ビジャイ・ゴビンダラジャンは言います。

富裕国で受け入れられているものを安価に設定するだけで、新興国市場から受け入れられるというのは、妄想なのです。

ゴビンダラジャンは、新興国市場に参入する際、気をつけなければならないギャップが5つあるといいます。

それは、まず**「性能のギャップ」**です。先進国の商品は、今のクオリティになるまでにいろいろなプロセスを踏んできました。市場が開かれ、ブルー・オーシャンだった海がレッド・オーシャンに変わり、イノベーションが何度も起こって現在の商品になったのです。それを市場がまだ出来上がってもいない新興国に持っていっても顧客のニーズに合うとは言えません。市場の成長の仕方も異なるでしょう。現地の人が必要だという機能のみを搭載することが支持を受けるポイントかもしれません。

次に**「インフラのギャップ」**です。先進国と比べるとやはりインフラ整備はまだ整っているとは言えないでしょう。この点を考えずに商品を持っていっても市場を占めることはできません。例えば飲み水に困っている地域に温水洗浄便座を持ち込んでも使用できないのです。現地のインフラを調べることも重要です。ちなみに欧米から見れば、日本もWｉｆｉのインフラは遅れているでしょう。

「持続可能性のギャップ」とは地域によって、環境や資源など継続的に守らないといけないものが異なるということです。例えば、大気汚染のひどい中国では、排ガスを極力出さないように電気自動車に注目が集まるといったことです。

「規制のギャップ」とは、規制の少ない新興国の方がイノベーションの速度が速いということです。日本も高度経済成長期は、排ガス規制や工場用水に対する規制が緩く、第二次産業が一気に成長しました。その分、大気汚染や水質汚濁など代償も大きかったのですが……。規制が緩いということは、マイナスな部分もありますが、経済活動を考えれば、プラスの面もあるのです。

「好みのギャップ」は、食やファッションなど地域によって好まれるものは違うということです。日本の食卓からお米、味噌、醤油を奪うと大変なことになりますが、欧米では、ほとんど影響がないでしょう。地域の文化によって食生活も異なれば、ファッション、ライフスタイル、大切にしているものも異なります。この点は忘れてはいけません。

このように、先進国で人気を博したから、新興国でも需要があるとは限らないのです。まずは、その地域の現状を把握して、戦略を作ることが大切です。現地の目線で市場を見つめ、何を欲しているのかを見つけましょう。

グローバル戦略には、イノベーション思考は欠かせない

イノベーションを起こすことが重要なのではなく、混沌とした市場や停滞している経済状況を一変させるためにイノベーションを活用することが重要なのです。そのためには、常識にとらわれ過ぎていては、だめです。

商品だけではなく、戦略自体も進化していかなければ、様々なツールが生まれる時代の流れに取り残されてしまうかもしれません。パソコンが生まれる前と後では、ビジネス戦略は大きく変わってきました。それまで新聞や書籍で知識を得ていたのですが、パソコンから知識を得るようになったのです。また、情報処理の速度や情報収集の方法が変わり、業務内容も一新しました。従来の方法を未だに貫いていたのでは、企業の成長は見込めません。さらには、多くの業務ソフトやシステムが生まれ、多くのビジネスマンは、パソコンなしでは仕事ができないというようになりました。しかし、今ではスマートフォンで仕事をする人も現れています。机にかじりついて情報を発信しているようでは、もう遅いのです。イノベーションは、新たなツールをうまく生かし、新たな戦略方法を生み出す戦略なのかもしれません。

またグローバル戦略を考えるときにも、イノベーション思考は力を発揮します。文化風習の異なる地域で、新たな市場に参入したり顧客を創造したりするには、常識を打ち破った発想力と論理が必要なのです。

おわりに

本書の中でも書きましたが、ビジネス戦略が体系化されてから、まだ半世紀ほどで、学問になってからは、それほどの年月は経っていません。もちろんそれ以前からビジネスは行われていますし、富を築いた経営者たちは、いつの時代でも優れた戦略を実行してきたのでしょう。主なビジネス戦略とは、その成功者たちの行ったこと、またその思考や市場全体を俯瞰し、分析して、法則にしたものです。実際に起こったことや現場の状況をもとに作られるものが多いので空論ではありません。

だからこそ役に立つのです。

以前、「問題解決」をテーマにした書籍を書かせていただきましたが、ビジネス戦略の考え方は、問題解決の考え方と似ているところがあります。

問題を探すためのフレームワークは、ビジネス戦略では、自社のケイパビリティを見つけるために使用します。また問題解決では「将来、自社のあるべき姿」を設定し、現在とのギャップをどのようにして埋めていくのかを考えるのですが、ビジネス戦略では、ミッション、ビジョンを策定し、そこから目標を決めていきます。その目標をどのように達成するのか、その方法が戦略なのです。

問題解決には、戦略という言葉は使用しませんが、事業の目標達成について戦略という言葉を使うのはなぜでしょうか。

そこで「戦略」と名のつくものを、少しピックアップしてみました。

「入試戦略」「外交戦略」「インフラ戦略」「ビジネス戦略」「安全保障戦略」「都市戦略」「創生総合戦略」……。戦略という言葉は、世の中に溢れかえっています。

広辞苑第六版によれば、戦略とは「戦術より広範囲な作戦計画。各種の戦闘を総合し、戦争を全局的に運用する方法。転じて政治・社会運動などで、主要な敵とそれに対応すべき味方との配置を定めることをいう」と記されています。

まさにビジネスは、各企業が生き残りをかけた戦いであり、ビジネス戦略は、戦術より広範囲で、あらゆる敵、障害に対応するためのものなのでしょう。

戦略とつけることで、闘争心も湧いてくるのかもしれませんね。

いずれにせよ、ビジネス戦略は、企業を成長させるには、非常に重要です。しかしそれ以上に大切なものがあります。それは、気持ちです。

「やる気」「夢」「希望」「やり遂げる」という強い信念が事業を、また会社をもり立てるのでしょう。そこにビジネス戦略が必要なのです。

どんなに優れたビジネス戦略を編み出したとしても、それを遂行するためのパワーがなければ目標は達成できません。また強い意気込みがなければ、部下もついてこないでしょう。何事も成し遂げるには、やり抜く思いが必要です。

なぜならば、失敗することなく、一気に成功を手にすることは、稀なことだからです。何度も失敗し、その度に試行錯誤を繰り返した上で、成功は手に入るものです。戦略が間違っていることもありますが、戦略は間違っていなくても、リサーチや分析力が足りなかったり、また自社の組織になじませることができなかったりと、失敗には様々な原因があります。その原因を明確にしながら、再度チャレンジするのです。

数学であれば、公式さえ覚えていれば、問題を解くことはそんなに難しくありませんが、数字ではなく、人間を相手に事業を展開しているのです。四角四面の考え方では、成功を手にすることは難しいでしょう。ビジネス戦略は、ツールです。そのツールをどこでどのように使うのか、またどのように自社ナイズするのかが成功のカギを握っています。

ぜひ、ビジネス戦略と「やる気」「夢」「希望」また「やり遂げる」という強い信念を持って幸せなビジネスライフを送ってください。

桝本誠二

索引

【ま・や・ら行】

参考文献

『グロービスMBAマネジメント・ブック』編著・グロービス経営大学院(ダイヤモンド社)
『経営戦略の思考法』著・沼上幹(日本経済新聞出版社)
『経営戦略の巨人たち』著・ウォルター・キーチェル三世　訳・藤井清美(日本経済新聞出版社)
『How Google Works　私たちの働き方とマネジメント』著・エリック・シュミット、ジョナサン・ローゼンバーグ、アラン・イーグル　訳・土方奈美(日本経済新聞出版社)
『リーダーになる人の「ランチェスター戦略」入門』著・福田秀人(東洋経済新報社)
『ストーリーとしての競争戦略　優れた戦略の条件』著・楠木建(東洋経済新報社)
『経営戦略ケーススタディ　グローバル企業の興亡』著・横山寛美(シグマベイスキャピタル)
『コアコンピタンス経営』著・ゲイリー・ハメル&C・K・プラハラード　訳・一條和生(日本経済新聞出版社)
『事業戦略のレシピ』著・鬼頭孝幸、山邉圭介、朝来野晃茂　監・遠藤功(日本能率協会マネジメントセンター)

『図解で学ぶ　ビジネス理論　戦略編』著・福澤英弘（日本能率協会マネジメントセンター）
『マッキンゼー式　世界最強の仕事術』著・イーサン・M・ラジエル　訳・嶋本恵美、田代泰子（英治出版）
『マーケティング戦略　第3版』著・和田充夫、恩蔵直人、三浦俊彦（有斐閣アルマ）
『戦略フレームワークの思考法』著・手塚貞治（日本実業出版社）
『イノベーターズ　革新的価値創造者たち』著・吉村慎吾（ダイヤモンド社）
『ブルー・オーシャン戦略』著・W・チャン・キム、レネ・モボルニュ　訳・入山章栄、有賀裕子（ダイヤモンド社）
『世界一やさしいマイケル・ポーター「競争戦略」の教科書』著・浅沼宏和（ぱる出版）
『日本企業の進化論』著・ベイカレント・コンサルティング（翔泳社）
『強い会社が実行している「経営戦略」の教科書』著・笠原英一（中経出版）
『「経営戦略の基本」がすべてわかる本』著・土方千代子、須田勤、西川昌祐、椎野裕美子（秀和システム）
『億万長者の不況に強いビジネス戦略』著・ダン・S・ケネディ　訳・小川忠洋（ダイレクト出版）
『オープン・イノベーションの教科書』著・星野達也（ダイヤモンド社）
『なぜマネジメントなのか』著・ジョアン・マグレッタ　訳・山内あゆ子（ソフトバンクパブ

リッシング）
『スティーブ・ジョブズ　驚異のイノベーション』著・カーマイン・ガロ　訳・井口耕二（日経BP社）
『経営戦略全史』著・三谷宏治（ディスカヴァー・トゥエンティワン）
『「経営戦略」の基本がイチから身につく本』著・手塚貞治（すばる舎）
『小さな会社こそが勝ち続ける孫子の兵法　経営戦略』著・長尾一洋（明日香出版社）
『経営戦略を問いなおす』著・三品和広（ちくま新書）
『組織戦略の考え方』著・沼上幹（ちくま新書）
『ビジョナリー・ピープル』著・ジェリー・ポラス、スチュワート・エメリー、マーク・トンプソン　訳・宮本喜一（英治出版）
『ビジネススキル・イノベーション』著・横田尚哉（プレジデント社）

●著者
桝本誠二（ますもと・せいじ）
株式会社クリエイターズアイ代表取締役。1973年生まれ。広島県出身。雑誌編集者から、書籍編集者へ。ノンフィクション、時事関連の書籍編集部編集長を経て、ビジネス書系出版社へ転職。現在は、ビジネス書、ノンフィクション書籍の執筆・編集に従事している。また出版プロデュース、出版コンサルタント、出版セミナー、企業コンサルタントも行っている。著書に『図解＆事例で学ぶ問題解決の教科書』（マイナビ出版）。

課長・部長のための
ビジネス戦略の基本

2016年10月31日　初版第1刷発行

著　者　桝本誠二
発行者　滝口直樹
発行所　株式会社マイナビ出版
〒101-0003 東京都千代田区一ツ橋2-6-3 一ツ橋ビル 2F
TEL 0480-38-6872（注文専用ダイヤル）
TEL 03-3556-2731（販売部）
TEL 03-3556-2733（編集部）
Email：pc-books@mynavi.jp
URL：http://book.mynavi.jp

装丁　戸塚みゆき（ISSHIKI）
本文デザイン＆DTP　梶川元貴（ISSHIKI）
印刷・製本　図書印刷株式会社

ISBN978-4-8399-5892-3
Printed in Japan

課長・部長のための
人材育成の基本
株式会社シェルパ
教育指導&管理に
悩むすべての
マネジャーに贈る
リーダーのためのバイブル
マイナビ

課長・部長のための
マーケティング
実践入門
株式会社シェルパ
マーケティング戦略に
関わるすべての
マネジャーに贈る
リーダーのためのバイブル
マイナビ